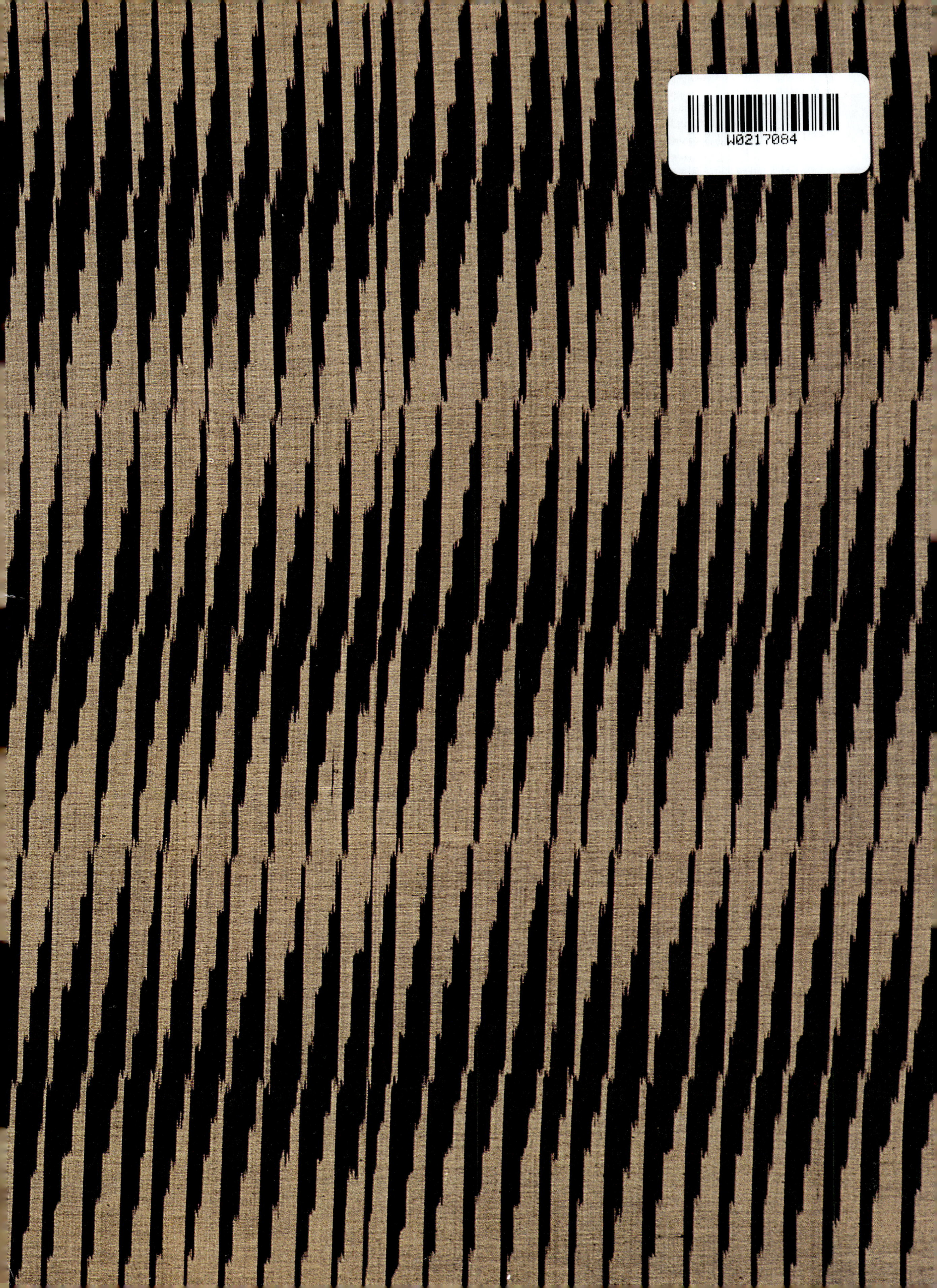

L'ARTISANAT INDONESIEN

L'Artisanat Indonésien

Times Centre, 1 New Industrial Road, Singapour 1953

Conception graphique par Viscom Design Associates, Singapour
Typographie par Superskill Graphics, Singapour
Chromotypographie par Far East Offset, Kuala Lumpur
Imprimé à Singapour par Tien Wah Press

ISBN 981-204-033-1

Editeur en chef
Joop Ave

Editeur
Judi Achjadi

Equipe éditoriale
Roseline Lum, Peter Schoppert

Ont collaboré à la rédaction
Hildawati Siddharta, Rini Joeda, Iwan Tirta, Yusman Siwanti Batubara

Photographes
Michel Bikker, Gerald Gay, Rio Helmi, Brent Hesselyn, Georgia Kan, Leonard Lueras, Kal Muller, Ivan Polunin, Lucas Invernizzi Tettoni, Roxana Waterson, Yim Chee Peng.

Dessinateur graphique
Ko Hui Huy

Directeur artistique
Leonard Lueras

Traduit de l'anglais par Christine Moulet

Couverture : Les keris *balinais représentent un prodigieux travail qui exige une grande habileté, aussi bien du forgeron qui façonne la lame et travaille l'or ou l'argent, que du menuisier qui sculpte le bois pour produire le manchon chargé d'ornements. Les keris sont dans la culture indonésienne des objets très précieux dont la valeur spirituelle dépasse largement la fonction pratique en tant qu'arme.*

Page de garde : Tissage ikat *d'une grande finesse, produit dans un style moderne par Lily Coskuner de la boutique Nogo à Bali.*

Frontispice : Cette photographie d'un artisan de Java, fabricant de Wayang Kulit *(des marionettes typiquement indonésiennes), fut prise au début du siècle par Jacques Demmeni, un autre artiste mi-hollandais mi-indonésien, expert dans le maniement de la caméra.*

L'ARTISANAT INDONESIEN

TIMES EDITIONS

TABLE DES MATIERES

LE PATRIMOINE CULTUREL DE L'INDONESIE

par Judi Achjadi

Ci-dessus : Le motif aso *domine dans cet exemple de travail Dayak de tissage de perles. L'artisanat des peuplades Dayak, un groupe hétérogène disséminé dans les quatre provinces de Kalimantan, est souvent composé de motifs qui peuvent s'apparenter à ceux qu'utilisait l'ancienne culture Dông Son.*

Ci-contre : Ce masque Dayak était sans aucun doute utilisé lors des cérémonies de danses rituelles dont l'objet était de garantir une bonne récolte de riz.

Pages précédentes : Le wayang kulit, *théâtre de marionettes en jeux d'ombres, est un divertissement très populaire dans toutes les îles de l'Indonésie. Derrière les rideaux, le marionettiste utilise les fines baguettes pour animer son personnage.*

Pages 8/9 : Bas-relief en pierre, détail de Candi Mendut, temple bouddhiste commandant l'entrée orientale au monument de Borbodur

L'artisanat est une activité de base de l'homme. Jusqu'à l'ère de la machine, l'artisanat était la forme la plus avancée de technologie avec la fabrication d'outils à partir de matériaux disponibles dans son environnement. Prolongements de ses mains, ces outils facilitèrent la réalisation d' une grande variété d'objets pratiques et décoratifs. Doloires, flèches, lances, racloirs et couteaux étaient utilisés pour chasser et faire la récolte. Les chasses les plus grandioses et les événements les plus marquants étaient représentés sur les murs des cavernes par des fresques en rouge, noir et jaune. Les morts étaient enterrés avec des ustensiles utiles, mais aussi avec des ornements, en coquillage ou en pierre polie, percés par des bambous tournés dans le sable et actionnés par des cordes.

Les îles d'Indonésie furent habitées par plusieurs vagues successives de populations du sud de la Chine qui arrivaient dans l'archipel à bord d'embarcations taillées dans des troncs d'arbres. Chacune de ces vagues d'immigrants apporta des techniques nouvelles et des concepts nouveaux. Sans avoir rompu les liens avec la terre natale, ils se déplaçaient d'une rive à l'autre en faisant le troc des épices d'Indonésie, des bois exotiques ou autres denrées contre des curiosités, colliers, verroterie ou objets de fonte.

Bien avant la découverte du métal, les troncs d'arbres évidés s'étaient transformés en praos à balanciers robustes, permettant aux Indonésiens d'atteindre l'Ile de Pâques et l'Afrique de l'Est. Ils vivaient dans des maisons en bois, de simples structures surélevées, décorées de reliefs symboliques. Ils plantaient le

riz dans des champs irrigués, élevaient le bétail et faisaient des paniers, de la poterie et de la toile, troquant de temps à autre leur excédent contre des objets qu'ils ne pouvaient pas fabriquer eux-mêmes. Le polissage mettait en valeur la beauté des pierres utilisées dans les rites religieux et comme monnaie d'échange. De gigantesques pierres tombales et des pyramides en terrasses étaient érigées à la mémoire des morts. Avec le progrès, des techniques avancées furent introduites : les écorces d'arbres trempées et battues pour obtenir de la toile, la première version du métier à tisser et la poterie martelée.

Une organisation sociale s'avérant nécessaire pour vivre en communauté, les individus les plus valeureux s'imposèrent pour veiller aux canaux d'irrigation et à la main d'œuvre. Les hommes assumaient les tâches les plus dures et les plus dangereuses telles que la chasse, la pêche, la construction des cases et le défrichage de terres nouvelles, et les femmes s'occupaient des enfants, du tressage, de la poterie, du tissage, du jardinage et du bétail.

L'utilisation des métaux dans l'archipel autour du 5e siècle av.J.-C., annonça l'âge de fer. Les Indonésiens apprirent très vite à fondre le bronze et le fer

Ci-dessus : La vannerie (à gauche) et la fabrication de vêtements d'apparât parés de broderies (en haut) étaient généralement considérées comme des activités réservées aux femmes.

Ci-contre : Ces illustrations datant du 19e siècle montrent l'habit traditionnel porté dans les différentes régions d'Indonésie à l'époque.

pour fabriquer leurs propres objets, comme le démontrent les moules de pierre retrouvés dans plusieurs régions. Aussi, les outils en pierre furent vite délaissés; mais la poterie était devenue indispensable dans la vie quotidienne et les rites. Les timbales en bronze et les doubles clefs sont les formes les plus caractéristiques de cette première étape de l'âge de fer.

Au début de notre ère, le Bouddhisme et l'Hindouisme furent introduits en Indonésie. Ces deux religions furent vite confondues et soumises aux croyances locales. Les images de culte ancestrales prirent l'apparence de démons ou de dieux hindous, mais leurs rôles n'ont pas changé. Le temple sacré était entouré

Ci-dessus : Depuis la période des grands bâtisseurs de Java, le travail de la pierre est resté un important moyen d'expression artistique en Indonésie.

Ci-contre : Le monument de Borobodur est construit sous la forme d'un mandala avec des fresques sur les parois intérieures illustrant d'anciens contes d'Indonésie et la vie de Bouddha. De par son unité de forme, sa fonction et sa signification, ce temple est l'un des monuments les plus grandioses au monde.

A l'extrême gauche : La religion prédominante à Bali est une forme d'Hindouisme, mais l'architecture des temples s'inspire surtout de modèles d'architecture indigène et indonésienne.

L'importance accordée au minutieux travail de l'artisan fait partie de la culture indonésienne, et les objets finement travaillés ont depuis toujours constitué une large part du commerce local et international. Grâce à des traditions culturelles et artisanales bien ancrées, le peuple indonésien a su répondre par son génie créatif et son talent aux innovations et aux apports venus de l'extérieur.

Le patronage des riches et des nobles a permis aux artisans-forgerons de préserver l'art et les méthodes des grands maîtres (ci-dessus). Le motif en forme de "S" de cette boîte en bois sculpté est parmi ceux que l'on retrouve le plus souvent dans l'artisanat indonésien.

L'art dramatique est une source d'inspiration et de travail pour les artisans d'Indonésie, comme en témoigne ce masque produit par un sculpteur de Bali (ci-dessus). L'ornementation est aussi une bonne motivation. Quels que soient l'objet et la source d'inspiration, les produits de l'artisanat indonésien laissent toujours transparaître une grande sensibilité spirituelle.

d'une enceinte mi-hindoue, mi-bouddhiste avec des sculptures tirées de l'épopée bouddhiste et hindoue, mais l'édifice a conservé son caractère indonésien. Dans les zones côtières où les activités dépendaient de l'artisanat, des ports internationaux se développèrent. Les chefs s'arrogèrent un statut de roi, vivant dans l'opulence et le cérémonial, entourés d'une large cour d'artisans spécialisés.

L'Islam fut introduit en Indonésie par les commerçants du Gujerat entre le 13e et le 15e siècles. Dans une certaine mesure, l'Islam aussi succomba aux conceptions traditionnelles locales. La culture musulmane permit cependant l'introduction d'idées nouvelles dans l'artisanat, le travail en filigranes du métal, des concepts nouveaux dans la fabrication de bijoux et les fils d'or et d'argent dans le tissage. L'aversion de l'Islam contre les images de culte encouragea aussi le développement de motifs floraux.

Les cultures coloniales européennes et chrétiennes ajoutèrent d'autres nuances aux tendances traditionnelles, faisant ainsi disparaître dans certains secteurs toute trace de culture indigène et païenne.

A cause des dommages dus au climat tropical, les formes traditionnelles d'artisanat sont constamment renouvellées et préservées. Né de besoins spécifiques, l'artisanat demeure indispensable à la vie quotidienne dans les zones rurales.

LA TERRE

LE MONDE DE LA CERAMIQUE

par Hildawati Siddharta

Au cours d'un voyage dans la province centrale de Java, j'ai rencontré mbok Kerto, une femme artisan-potier du village de Bayat, spécialisée dans la fabrication d'ustensiles de cuisine. Avec beaucoup d'habileté, elle coula l'argile sur un simple tour, puis elle retourna délicatement la glaise vers l'extérieur pour former un bec, suivant la technique habituelle.

Puis, mbok Kerto mit son pot à sécher au soleil. Après, elle prit une autre poterie déjà sèche, et martela la surface irrégulière avec une planche contre une pierre placée à l'intérieur, selon une méthode que l'on appelle celle "du battoir et de l'enclume". Elle obtint ainsi une jarre, sans le moindre défaut, qu'elle mit aussitôt à sécher dans la cour.

Enfin, mbok Kerto s'apprêta à cuire ses pots. Sans utiliser de four, elle les empila et les recouvrit de paille de riz et de graminées sèches avant d'y mettre le feu. Grâce à cette technique, mbok Kerto obtient des ustensiles d'un beau grain rouge-orangé et naturellement décorés par les flammes qui laissent des ombres d'un noir-violet.

Mbok Kerto est un des innombrable artisans-potiers qui produisent des ustensiles en terre cuite avec des techniques anciennes. Les poteries qu'ils fabriquent sont sans prétention, mais très pratiques et jolies. Leur beauté vient surtout du fait qu'il s'agit d'objets utilitaires.

Ces potiers ne répresentent néanmoins qu'une fraction de l'industrie de la céramique indonésienne, composé de petites entreprises, de gros fabricants et d'artistes utilisant l'argile comme moyen d'expression. La céramique et la poterie sont très importants dans notre vie : l'argile a été l'un des premiers matériaux utilisés par l'homme. Sa malléabilité en fait une matière adaptée à un grand nombre d'usages, et les Indonésiens l'utilisent depuis des millénaires. A l'époque préhistorique, on se servait de la terre cuite pour fabriquer des objets pratiques et rituels dans certaines communautés animistes pratiquant la magie.

D'intéressantes pièces de céramique des temps préhistoriques aux formes plutôt modernes, ont été découvertes en Indonésie, telles les carafes de cérémonie utilisées comme objets funéraires, qui ont été trouvées à Melolo sur l'île de Sumba. Ces brocs de 20 à 25 centimètres de haut sont d'une structure très décorative. L'une des plus belles pièces est ronde, avec un bec très court et un goulot ressemblant à une forme humaine écrasée. Ce pichet est d'un beau grain foncé, dont la surface paraît avoir été brunie avec un vernis satiné. Fabriqué selon des techniques déjà sophistiquées, cet objet d'un caractère intensément mystique est d'un très grand attrait esthétique.

Les Indonésiens ont une préférence marquée pour la décoration. Cette tendance est apparente dans les objets préhistoriques retrouvés en Indonésie, tels les fragments de céramique découverts à Kalumpang, au sud des îles Sulawesi (Célèbes). Les lignes et les tresses appliquées au tampon, les ellipses, lignes et ronds imprimés en surface, illustrent la variété des motifs utilisés. D'autres furent apposés par la technique "du battoir et de l'enclume", qui permet de graver une empreinte lorsqu'une ficelle ou un morceau de toile est enroulé autour du battoir.

Les autres poteries ne sont ni aussi finement travaillées, ni aussi gracieuses. Cette différence tient à deux approches distinctes quant à la fabrication d'objets utilitaires par opposition au façonnement méticuleux des accessoires de culte. Vu leur signification spirituelle, ces derniers bénéficiaient d'un traitement particulier.

L'artisanat de la poterie évolua lentement, et les techniques et les formes ne changèrent presque pas jusqu'au 13e siècle. Du 13e au 15e siècles, un statut unique était accordé à la céramique. L'art du potier fut mis au service du sacré comme du profane pour beaucoup d'usages.

En 1292, l'état de Majapahit vit le jour dans la région centrale de Java et contribua largement au développement de la poterie. Comme les matériaux de construction étaient rares, les habitants de Majapahit se mirent à la recherche d'autres matières, notamment l'argile. Les reliefs sculptés, les statuettes et les figurines n'étaient en fait que le produit d'activités en marge de celles de la construction. Mais la fabrication de pots et de réceptacles servant au culte progressa de façon tout à fait indépendante.

L'héritage de l'époque Majapahit comprend des temples en brique, de nombreux matériaux de construction, des tuiles en terre cuite, conduits d'eau, décorations de bâtiments, reliefs et figurines, sans oublier les carafes. Les objets les plus intéressants sont sans doute les figurines qui représentent de façon très expressive toute une gamme de personnages de l'époque : fermiers, danseurs,

Pages précédentes : Cette jarre de bonnes proportions présente une surface marbrée avec des incisions peu profondes en forme de dessins géométriques. Elle date du 14e siècle de l'ère Majapahit.

Le lézard ou le crocodile représentait souvent les ancêtres dans la région ouest de Timor. Le motif se retrouve sur le rotin, les textiles et les carafes.

troubadours, villageois, ermites et commerçants chinois.

Ensuite ,la céramique n'a jamais retrouvé la même importance. Après Majapahit, le style ne changea guère, répondant aux besoins du sacré et du profane par des techniques traditionnelles. A l'évidence, ces techniques étaient adéquates, et la nécessité d'un changement ne se faisait pas sentir. Mais les pièces de cette période n'en présentent pas moins d'intérêt ou de valeur esthétique.

A en juger par la collection de céramiques datant de la fin du 19e siècle et du début du 20e siècle dans les musées d'Indonésie, il semblerait que les *kendis* ou carafes à eau aient eu une grande importance. La fonction de cet objet, dans une société où l'eau avait une grande signification spirituelle, impliquait que cet objet devait être traité avec déférence. Le kendi a joué un rôle essentiel dans les communautés traditionnelles et chez l'homme préhistorique, et aujourd'hui encore, il demeure un élément primordial dans la société indonésienne contemporaine.

Les kendis ont des lignes très pures et belles. A Aceh, au nord de Sumatra, ils sont particulièrement gracieux et abondamment décorés; dans la région de Lampung au sud, leur forme, inspirée de la tradition locale, est moins conventionnelle. Les kendis javanais sont sobres et décorés très simplement. A Bali et à Lombok, ils ont des lignes élancées, alors qu'ils sont dans le sud des Sulawesi richement decorés, mais plus écrasés et dépourvus de col.

L'artisanat de la céramique en Indonésie regroupe diverses activités. L'installation des fours à haute température dans les ateliers de porcelaine de Bangka au début du siècle encouragea les industries locales, avec des techniques et une organisation avancées. De petites usines créées par des ouvriers formés à Bangka ou dans les centres de recherche, furent ouvertes à Malang et Klampok à l'est de Java et à Bandung dans l'ouest. Le Centre de la Recherche en Céramique de Bandung, aujourd'hui largement agrandi, est toujours en activité.

Techniciens avant tout, les fondateurs de ces entreprises se concentraient surtout sur l'organisation de leurs ateliers, mais il leur manquait une dimension artistique. Les artisans de Malang se sont longtemps limités à la reproduction de porcelaines chinoises bleues et blanches, et ce n'est que depuis peu qu'ils produisent des céramiques plus indonésiennes. Par ailleurs, Klampok débuta avec des motifs indonésiens, mais se heurta aux problèmes des formes. Du côté de Bandung, les ateliers travaillaient à partir de dessins fournis par les clients, souvent peu soucieux de l'esthétique. Mais avec la participation de personnes ayant un sens de l'esthétique plus développé et de meilleures connaissances, la situation s'est améliorée.

Dans le même temps, l'enseignement des arts plastiques en milieu universitaire formait des artistes et des artisans envisageant la céramique comme moyen d'expression artistique. En poterie, ils ne se cantonnaient pas dans les traditions existantes, mais s'exprimaient comme produits d'une société moderne, avec une formation spécifique. Ils pouvaient donc inventer des formes nouvelles, soit en s'inspirant des formes classiques, soit par l'innovation.

La céramique moderne naquit en 1963, avec la création

Les potiers de la région de Modjokerto, Java, se spécialisent dans la reproduction d'objets d'art de l'époque Majapahit. C'est jusqu'à présent la seule région d'Indonésie où ces ravissants bustes sont fabriqués.

La poterie d'aujourd'hui est faite selon les mêmes méthodes et dans les mêmes formes que lors de la construction du monument de Borobodur (8e-9e siècle). La plupart des objets étaient, et continuent à être, fabriqués par des femmes.

En-haut : Les urnes et encensoirs fabriqués à Sumatra et dans les îles nord des Sulawesi sont très décorés; les motifs sont gravés sur l'argile humide.

En-bas : Les poteries de style chinois, urnes et pieds de promontoirs sont des articles particulièrement appréciés par les clients indonésiens.

d'un atelier, à l'Institut de Technologie de Bandung, qui explora la poterie comme moyen d'expression artistique. Dix ans plus tard, la Fondation des Arts de Jakarta devait aussi s'orienter vers la céramique. Plusieurs artistes sont alors devenus célèbres, comme Jane Chen de Jenggala à Bali, Suyatna de Cunung à l'ouest de Java, et Widayanto des ateliers Marryan dans la banlieue de Jakarta. En se lançant dans un domaine jusqu'ici inexploité, ces artisans-artistes ont réussi, avec une approche originale, à introduire des concepts nouveaux et des techniques inédites, tout en répondant aux besoins du marché contemporain.

Cependant, les petites unités rurales utilisant des techniques traditionnelles, représentent toujours la majeure partie de l'industrie de la céramique en Indonésie. Seuls les carrelages sont produits sur une grande échelle. La plupart des artisans-potiers travaillent la glaise comme mbok Kerto, avec des méthodes anciennes, sans éprouver le besoin de les renouveller. En cela les villages de Kasongan et de Pejaten sont des exceptions.

Les potiers de Kasongan ne produisaient que des objets traditionnels jusqu'à ce que des artistes de Yogyakarta les initient à des formes animales plus fantaisistes. Partant de statuettes très chargées de chevaux et de chèvres, ce nouveau travail évolua pour donner des pots creux, en forme d'oie accroupie pour des bouquets floraux. La poterie de Kasongan est unique par ses formes et se distingue par sa finesse et ses détails. Des techniques similaires sont utilisées à Takalar, au sud des Sulawesi, où sont produites, sur une plus petite échelle, des figurines humaines très expressives ressemblant aux statuettes de l'ère Majapahit. A Pejaten par contre, l'on s'intéresse plus aux techniques de cuisson, et grâce à une aide internationale, les artisans-potiers de cette région ont réussi à imposer leur talent.

La poterie de Singkawang, à l'ouest de Kalimantan (Bornéo), a aussi un caractère original : l'on y fabrique des objets d'art chinois, selon des méthodes chinoises authentiques. Ces artisans sont des descendants d'immigrants chinois venus s'installer sur ces terres au début du siècle.

Les potiers de Singkawang travaillent à proximité de leurs fours, contrairement aux artisans des autres régions de l'Indonésie. Ces fours gigantesques — trois mètres de haut, deux mètres de large et trente mètres de long — les aident à produire de la vaisselle typiquement chinoise. Pour concurrencer les produits fabriqués en Chine et à Taiwan, ces artisans se sont aussi lancés dans la reproduction d'urnes antiques, qui se vendent à bon prix. L'industrie de la céramique de Singkawang est la seule industrie rurale à faire usage de fours à haute température.

Le travail de la céramique en Indonésie est très varié et chaque centre de production a ses atouts et ses faiblesses. L'artisanat rural doit faire face à une concurrence accrue, et il devra se développer pour répondre aux nouveaux critères de la demande. Chacune des activités de cet ensemble, en apportant ses propres valeurs artistiques, participe au développement de la poterie indonésienne, et contribue à enrichir le patrimoine culturel de la nation.

Cette lampe en argile est animée par l'expression d'un visage humain. Dans la région de Lombok, elle sert d'éclairage au cours des représentations de wayang kulit. *La lumière est projetée par la bouche du personnage.*

Ci-dessus : L'argile est posée sur un simple tour de potier. Les motifs sont gravés ou appliqués sur l'argile avant la cuisson, ou encore peints par la suite.

A gauche : Les Iban de Kalimantan utilisent différentes méthodes de décoration. Un genre de palette avec des découpes ciselées peut servir à imprimer le motif sur la céramique déjà teintée — comme celle de gauche, ou encore des stries en relief peuvent être appliquées — comme pour le second pot.

Ci-dessus : Des animaux fantaisistes sont façonnés dans le village de Kasongan au centre de Java (en haut). Ces figurines rondes et humoristiques sont vendues sur les marchés touristiques (en bas).

Ci-contre : Les potiers de Kasongan fabriquent des fours à briques en terre cuite et des objets moins utilitaires comme des statuettes d'animaux. Les objets doivent être séchés au soleil avant d'être mis au four. Les femmes préparent la glaise faite d'argile et de sable en les mélangeant avec leurs pieds.

A Lombok, de la paille en flammes est mise dans les pots pour les sécher complètement et uniformément.

Les pots sont brossés pour obtenir un motif de stries parallèles et de lignes, comme sur ces pots à Lombok.

Ci-dessus : Deux jeunes Balinaises utilisant des pots en terre cuite pour puiser de l'eau à la source. Cependant, dans de nombreuses régions, le seau en plastique s'est substitué aux jarres traditionelles.

Ci-contre : Grâce à la texture de la terre cuite et à l'aide de quelques coups de pinceau, de modestes jarres pour les aliments secs sont transformées en véritables objets d'art d'une grande beauté.

Ci-dessus : Cette série de kendis en terre cuite donne une idée de l'éventail des styles qui existent en Indonésie. Des similarités existent entre les formes de ces objets tels qu'ils sont fabriqués en Inde, en Asie Centrale, au Moyen-Orient et en Indonésie.

Ci-contre : Les cruches pour les rites ont une fonction particulière et décorative, contrairement à celles d'usage courant. La forme, légèrement arquée, de ce pichet à double bec, est très classique, et n'a guère été modifiée au cours des dix derniers siècles.

La poterie balinaise s'émancipe et produit d'ores et déjà beaucoup d'objets destinés aussi bien au marché local qu'à l'exportation. Certains artisans se spécialisent surtout dans la fabrication d'objets utilitaires (ci-contre) tandis que d'autres, comme Adé Waworuntu, s'intéressent à des perspectives plus fantaisistes.

Les objets fabriqués à partir de terre à porcelaine, autrement appelée "terre de Chine", sont coulés dans de double-moules. Lorsque la glaise est sèche, les deux moules sont séparés, et l'excès de terre est enlevé de façon à obtenir la forme voulue.

La plupart des pièces de céramique sont teintes, puis enduites de vernis avant d'être mises à la cuisson. L'uniformité de la teinture peut être obtenue en plongeant ces objets dans un pot de vernis teinté et en les faisant tournoyer sur eux-mêmes pour étaler le vernis. Les détails de finition peuvent ensuite être apportés au pinceau.

Ci-dessus, ci-contre et pages précédentes : L'artisanat de Bali démontre qu'il est possible de mélanger les notions artistiques locales et les apports étrangers. Alors que c'est la sculpture sur le bois qui a fait la renommée de Bali, cette région s'est récemment dotée d'une industrie de la céramique très dynamique, ajoutant ainsi à ses réussites.

Dans un contexte d'évolution économique, les nouveaux débouchés incitent certains secteurs de l'artisanat à dépasser le cadre de la production d'objets utilitaires. Ces céramiques de Bali ont plus qu'une fonction utilitaire : elles seront vendues comme objets de luxe.

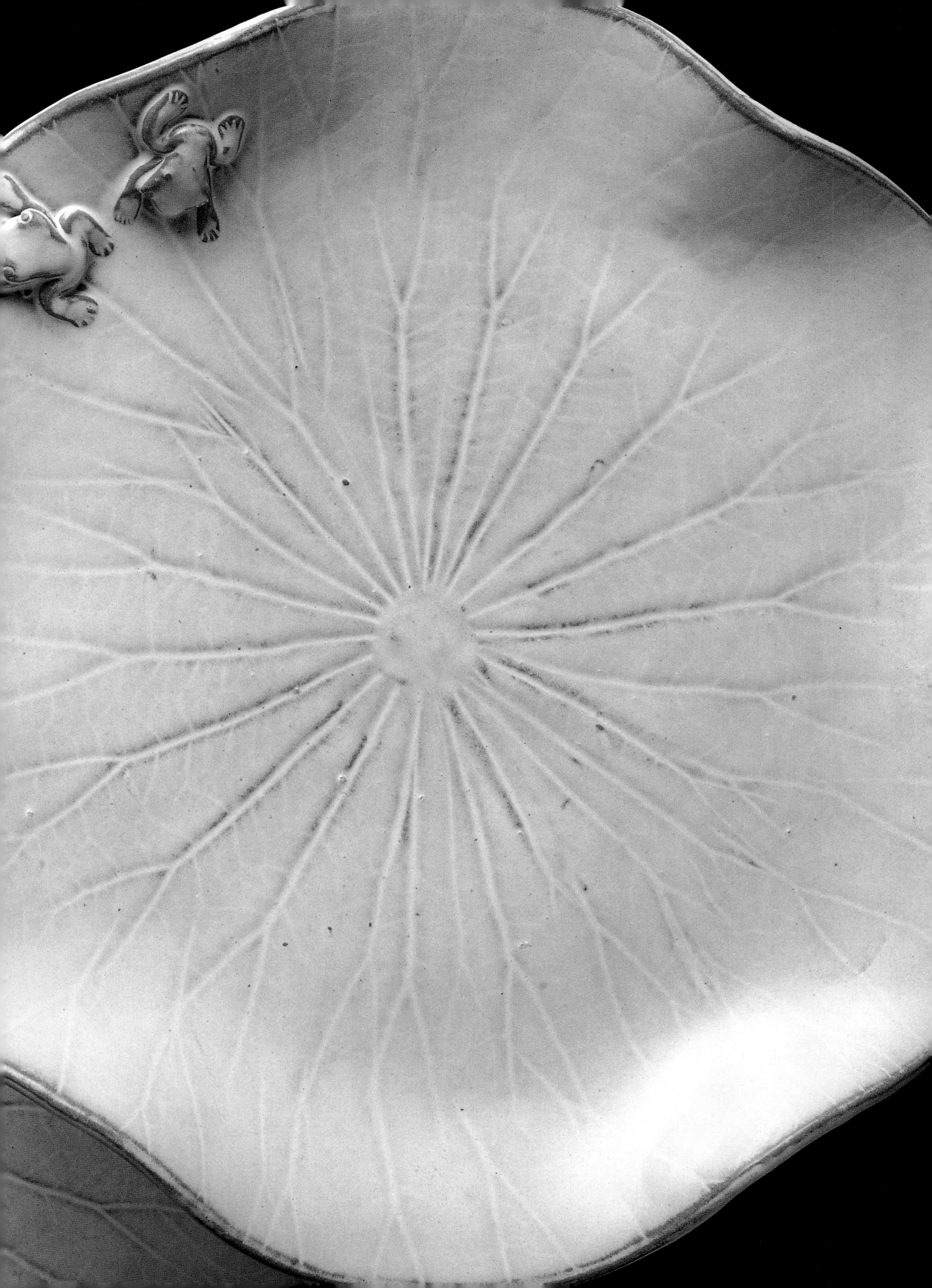

Une tradition qui s'est éteinte : Dans les villages de Mayong, certaines tuiles utilisées sur les toitures étaient autrefois décorées avec des figurines d'oiseaux en terre cuite, de disques solaires ou d'autres symboles. Celles-ci étaient incrustées d'éclats de porcelaine.

L'artisan prend aussi plaisir à faire des expériences, pour rechercher l'originalité. Ces statuettes en terre cuite ont pu être inspirées par le couple de figurines en bois traditionnellement déposé au pied du lit dans les demeures de la noblesse javanaise.

Les carreaux en céramique sont peints à la main, avant d'être cuits dans des fours spéciaux. Introduits par les Hollandais, ils sont toujours très prisés en Indonésie.

Des revêtements muraux, d'abord développés dans la péninsule Ibérique à partir de modèles islamiques, ont été adaptés aux goûts indonésiens dans un atelier à Bali.

LES PLANTES

En Indonésie, on tresse depuis très longtemps des nattes et des paniers à partir de joncs et d'autres plantes. La vannerie se pratique encore dans les villages en tant qu'occupation héréditaire, entre les obligations quotidiennes du foyer. Les plus gros articles sont généralement faits par les hommes tandis que les femmes s'occupent des petits ouvrages.

Le bambou remplit des fonctions multiples. Il peut soutenir une toiture, constituer un parquet, canaliser l'eau ou contenir des aliments. Les entre-noeuds de bambou vert sont des ustensiles de cuisine; lorsqu'ils sont posés sur des braises, remplis de riz et de viande, il s'en dégage de la vapeur. Les troncs fendus et ligaturés peuvent assembler des parois ou des planchers flexibles. Dépourvue de son écorce, la fibre est utilisée pour recouvrir une toiture ou pour tisser. En fines lamelles, il est tressé pour fabriquer des paniers ou des jarres qui, renforcées par une doublure goudronnée, peuvent même contenir de l'eau.

Le bambou pousse bien à Java, Bali, Madura et Lombok, mais dans les Sulawesi, à Kalimantan et à Sumatra, c'est le jonc qui pousse le mieux. On se servait autrefois du rotin pour fabriquer des armures et des boucliers, des nattes, des meubles et des paniers très robustes. Le pandanus se plaît en terres basses et marécageuses. Cette plante très appréciée à Java et à Sumatra est tressée pour fabriquer des nattes et des paniers, mais elle n'est pas très durable.

Les matières les plus populaires dans les îles Est de Nusa Tengarra (l'Archipel de la Sonde) sont la feuille de *lontar* (Borassus) et le *gebang* (Corypha). Ces deux palmiers locaux suffisent aux habitants des îles pour satisfaire tous leurs besoins. Les feuilles sont utilisées comme toiture et récipients et entrent dans la fabrication d'une variété d'objets quotidiens. Les tiges peuvent aussi être utilisées de plusieurs façons : on en fait des parois d'intérieur, des palissades et des cordes ou des harnais. Le tronc est un matériel de construction robuste, et il peut être aussi creusé pour fabriquer un cerceuil ou un abreuvoir. La cervelle plus moelleuse sert à nourrir le bétail et aussi, dans des cas de famine extrême, à alimenter la population; on fabrique aussi du vin à partir des fleurs du palmier. Pour reprendre les termes de l'écrivain bien connu James Fox : «Les peuples des îles Est de Nusa Tengarra se nourrissent, s'habillent, s'équipent, se parent, sont mis en terre et commémorés, uniquement avec les produits du palmier».

Les paniers et les nattes sont les articles de vannerie les plus importants pour les Indonésiens en raison de leur usage pratique et rituel. Les paniers peuvent transporter et garder de la nourriture, des vêtements et d'autres denrées. On s'en sert aussi pour transporter les cadeaux de fiançailles ou de mariage, les bijoux de famille et les objets de culte. Leur forme, leur couleur et leur décoration déterminent leur usage. Les nattes, elles, sont utilisées comme sièges et parfois comme couches, et sont ainsi un élément de base de la vie quotidienne comme des rites. La vannerie est réservée aux femmes, et toute femme devait avant son mariage, tresser sa propre natte et ses vêtements; l'ardeur et l'habileté dont elle faisait preuve permettait de déterminer le genre d'épouse qu'elle deviendrait.

RINI JOEDA «La vannerie est très pratique. L'ouvrage peut être déplacé, ce qui facilite la tâche des villageois. C'est aussi une activité qui fait appel à des gestes naturels, qui n'exige aucune formation. Le tressage est une tradition très ancienne qui se transmet de génération en génération dans les régions rurales de l'Indonésie où elle fait partie intégrante du mode de vie. La vannerie, comme la poterie, était autrefois une occupation essentielle et l'artisan un personnage respecté. Aujourd'hui malheureusement, le travail du vannier est menacé par les matières plastiques et les matériaux modernes. Son meilleur ouvrage, fabriqué selon les normes de la perfection arrêtées par les grands maîtres classiques, ne suscite plus grand intérêt. Il est perdant, sur le plan financier comme sur le plan moral où sa fierté d'artiste est profondément blessée.

«Il existe aujourd'hui, dans les pays developpés, une tendance de "retour à la nature" qui pourrait être mise à profit. De nouveaux emplois pourraient être créés pour les maîtres-artisans disposés à s'adapter aux goûts du jour, et la vannerie pourrait devenir une importante source de revenus. Cependant, ce ne sont pas toujours les objets utilitaires qui se vendent le mieux. Très souvent, le client achète un article pour sa valeur esthétique. Nous devons donc maintenir la qualité de notre artisanat et nous adapter aux tendances nouvelles».

Pages précédentes : Couvercles décoratifs en osier qui servent à recouvrir les aliments lorsqu'ils sont transportés d'une maison à une autre, au Timor.

Grâce à la garniture en osier, ces carafes peuvent être suspendus par l'embout ou posés sur une surface lisse, dans la province centrale de Sumatra.

Rini Joeda est une artiste-dessinatrice et inspiratrice. En 1979, elle participa à un projet organisé par la section des Beaux-Arts de l'Institut de Technologie de Bandung et l'Office National pour les Exportations. Son mari, un décorateur reputé de Bandung, dirigeait alors la section "bambou". L'objectif était d'encourager les artisans de différents secteurs, dont la vannerie, à travailler ensemble à la fabrication de modèles susceptibles être copiés. Pendant plusieurs mois, les artistes et artisans du pays mirent en commun leurs connaissances et leurs talents pour concevoir de tels modèles, pour donner un second souffle à l'artisanat. L'expérience terminée, l'équipe s'éparpilla.

Au début de 1981, deux des artisans-vanniers revinrent à Bandung et s'adressèrent à Rini pour lui demander de leur trouver du travail. Ils éprouvaient quelques difficultés à appliquer les concepts acquis au cours du séminaire, à cause du manque de réceptivité des artisans de leur village, qui tous travaillaient l'osier ou le rotin.

Rini ne put leur refuser son aide. Avec un petit capital, elle fonda un atelier de vannerie et constitua une équipe d'artisans travaillant à la commande. Au début, la clientèle se limita aux amis dessinateurs. Puis Rini participa à des expositions et proposa ses produits en dépôt dans les magasins. Dès lors, les commandes se mirent à arriver, des Etats-Unis et de Finlande. Deux grands magasins de Jakarta décidèrent aussi de vendre sa marque "Craft Works". L'atelier "Crafts Works" (Travaux d'artisanat) fabrique aujourd'hui plus de 70 différents modèles, vendus à Bandung et à Jakarta, et exportés à l'étranger.

L'impact de ce style, créé il y a quelques années par Rini et ses amis, est perceptible aujourd'hui à travers l'ensemble de la région de Tasikmalaya et dans toute la province ouest de Java. On y trouve une conception nouvelle de l'artisanat et des produits s'inspirant de leurs modèles. Grâce à leurs dessins, à leurs formes et à leur qualité, les articles de vannerie sont de nouveau appréciés, et l'acheteur est de plus en plus disposé à payer un prix plus élevé pour obtenir un article qui le satisfait.

YAMIN MAKAWARU abandonna ses études pour se lancer dans le commerce de textiles traditionnels, convaincu que l'artisanat indonésien était un créneau viable. Mais sa grande passion a toujours été la vannerie, et il a constitué une impressionnante collection d'articles en vannerie. Après avoir essayé de s'implanter pendant près de huit ans — avec un certain succès — sur le marché des textiles particulièrement compétitif de Bali, Yamin decida de remettre son avenir en question.

Au cours de deux années de voyages à travers l'Europe, une chose le frappa : le manque d'originalité des sacs à main. Il parvint ainsi à la conclusion qu'il devait y avoir un seuil d'évolution où le modernisme reviendrait se

A Palembang au sud de Sumatra, les paniers sont enduits de plusieurs couches de laque rouge et noire, et parfois doublés d'une fine lamelle d'or, pour donner des objets très décoraitfs, comme ceux-ci, utilisés pour contenir de la nourriture.

Le bambou est largement utilisé dans la fabrication d'ustensiles de cuisine. Cette illustration du 18ᵉ siècle montre des ustensiles des différentes régions de l'Indonésie. On y voit des paniers coniques pour le riz, un pot en cuivre en forme de sablier pour la cuisson à la vapeur, des tubes en saule, plusieurs passoires, des tamis pour la farine de sago, et une jarre richement decorée, réservée aux grandes occasions.

En haut : Dans la région centrale de Kalimantan, les tiges de rotin sont découpées en fines lamelles et tressées pour faire des paniers, des nattes et des chapeaux.

En bas : Les chapeaux en pandanus, fabriqués dans la région ouest de Java, représentaient un important produit d'exportation, et ils remportèrent une médaille d'or lors de la foire internationale du commerce en 1908.

fondre avec la culture traditionelle. L'artisanat indonésien devrait donc bien se vendre sur les marchés européens. Yamin pensait en particulier aux paniers fabriqués par la population féminine Dayak de l'est de Kalimantan.

Les Dayaks tressent l'osier pour faire des nattes, fines mais solides, et des paniers. Certaines des fibres sont déjà colorées avec des teintures végétales. Avec une grande habileté, ces lamelles sont tissées, entortillées ou entrelacées, pour former des dessins qui, tous reflètent la vision qu'a ce peuple du monde qui l'entoure.

Les paniers Dayak sont d'une durabilité exceptionnelle. Yamin, lui, préfère ceux déjà assouplis par l'usage; il les renforce avec du cuir et les double de tissu pour faire de ravissants sacs. Les motifs tressés font aussi de très beaux portefeuilles, des porte-documents et des ceintures.

Yamin estime que l'abandon des activités artisanales concerne la population toute entière. Il forme des jeunes artisans chômeurs et les encourage à fonder leurs propres coopératives. Il leur achète à un prix équitable toute leur production. De cette façon, tout le monde est gagnant : il n'a pas à fournir d'atelier pour travailler, et ses artisans font l'apprentissage de l'indépendance.

I GUSTI AYU JUWITA du village de Bonsari à Bali, apprit très jeune à tresser les feuilles de cocotier pour faire des offrandes religieuses. La plupart des jeunes femmes de Bali accomplissent cette tâche quotidienne naturellement, aidées parfois par les hommes. Mais Ayu a été plus loin : elle en a fait sa profession. Lorsqu'elle s'installa à Bonsari juste après son mariage, elle décida de fonder une petite affaire pour supplémenter le revenu familial.

Trois types de décorations à base de feuilles servent aux offrandes religieuses à Bali. Le *sampian* est un arrangement très élaboré de feuillages pliés comme des hélices et de longues banderoles; il est placé sur un plat de nourriture en forme de cône. Les *lamaks* sont de longs pans de vannerie cousus entre eux, suspendus dans le temple sous les offrandes, et qui pendent comme des langues, d'où leur nom. Le motif le plus courant dans la décoration des lamaks est le *cili*, une représentation de Dewi Sri, déesse de la terre et de la fertilité. Accompagné de symboles du soleil et des montagnes, le lamak représente l'univers.

Avant toute célébration religieuse, des *penjors* — de très long pieux — sont érigés le long du chemin de procession et autour du lieu de cérémonie. Décorés de feuilles de palmiers, ils forment une courbe élégante avec les magnifiques sampians accrochés à leur faîte. Le penjor symbolise la déesse Dewi Sri, mais est aussi un hommage à Ganesha, le fils de Siwa, qui a le pouvoir d'anéantir tout obstacle. Tendu vers le paradis celeste, le penjor invite les esprits immatériels à se joindre au monde de la matière, réunissant ainsi les deux moitiés de l'univers.

Dans la région centrale de Java, des *janurs*, de jeunes feuilles de cocotier, sont aussi tressées pour servir de parure aux jeunes mariés lors de la cérémonie nuptiale. Selon la croyance populaire, ces ornements qui représentent la sphère universelle, seraient offerts au couple par la déesse Dewi Sri elle-même, symbolisant la beauté parfaite et la fertilité. Il y a quelques années, les arrangements janur commencèrent à être utilisés plus fréquemment hors de leur contexte religieux, comme décorations dans de nombreuses autres cérémonies, puis certains éléments furent finalement intégrés dans la constitution des Ikebana ou autres arrangements décoratifs pour la table.

Ayu apporta sa contribution en décidant, il y a une dizaine d'années, d'utiliser des décorations en feuillages pour faire des arrangements de fleurs. Les feuilles de cocotier ne durent cependant pas longtemps, et c'est pourquoi les Balinais utilisent aussi des feuilles de lontar ou de palmier à sucre pour fabriquer leurs offrandes. Ayu fit sa propre expérience et conclut qu'il valait mieux utiliser des feuilles de lontar. Elle fabrique aujourd'hui une variété intéressante d'articles, y compris un arbre de Noel qui ressemble de très près à un vrai lorsqu'il est enduit de peinture verte. Bien entendu, les décorations dont il est orné sont aussi faites de feuilles de lontar.

Les arrangements en feuilles de lontar sont aujourd'hui une grosse affaire commerciale à Bali. Selon les chiffres de l'office régional du Ministère de l'Industrie, il y avait en 1986, 2 766 ateliers employant une main d'oeuvre de 4 691 personnes, surtout des femmes et des enfants, dans 32 centres de production. Avec un investissement annuel de 105 909 000 rupiahs, cet artisanat produit en moyenne 479 000 articles en feuilles de lontar par an.

Dans son atelier, Yamin Makawaru travaille sur des pans de rotin, déjà tressés et ornés de motifs, en provenance de la province est de Kalimatan, pour produire des sacs très originaux. Il y appose des sangles en cuir marron foncé. Ces sacs sont très à la mode, prisés par les clients du monde entier.

A Bali, Iskandar Waworuntu utilise la vannerie en rotin naturel et du cuir robuste pour fabriquer de jolis sacs très élégants. La couleur foncée du cuir contraste agréablement avec le blond paille de l'osier.

Les offrandes aux divinités font partie de la tradition culturelle à Bali : chaque offrande est conçue et arrangée selon sa fonction spécifique. Durant les festivités religieuses, des penjors *garnis de décorations, de guirlandes et d'ornements en feuilles de palmier, sont plantés sur le rebord des routes menant au temple. Ces bambous, dit-on, permettront aux divinités de venir sur terre pour se joindre aux célébrations.*

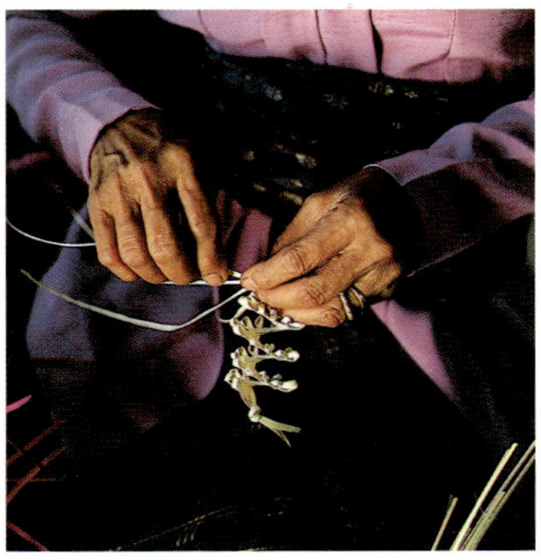

Le service religieux fait à Bali l'objet d'une grande attention. De nouvelles offrandes sont faites tous les jours, fabriquées à la main avec beaucoup de sens artistique. Les Balinais sont des experts dans le pliage des feuilles de palmier. On trouve dans les magasins indonésiens, ces ravissants articles décoratifs en vannerie qui entrent si harmonieusement dans la composition de bouquets de fleurs. Les offrandes traditionnelles étaient fabriquées à partir de feuilles de cocotier, mais de nos jours, on préfère les feuilles de lontar plus résistantes.

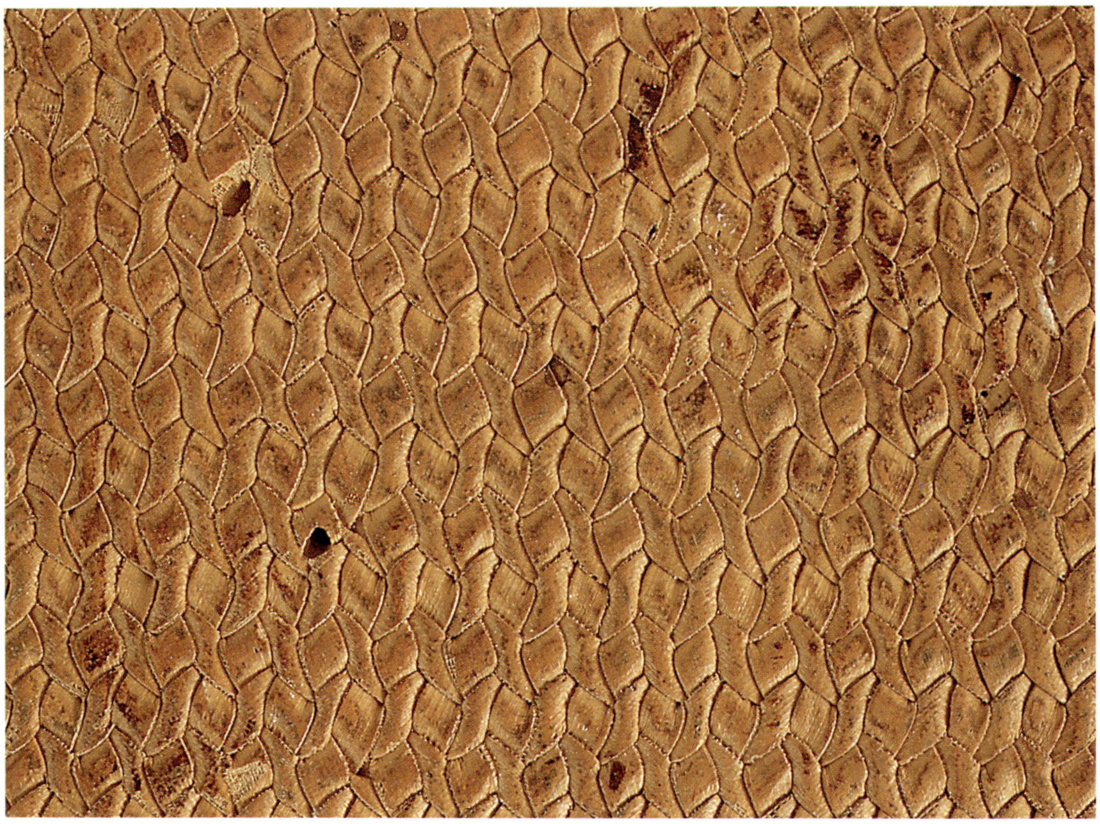

Ci-dessus : Le détail agrandi des motifs de vannerie, en courbes et en serpentins.

Ci-contre : Sur tout l'archipel, la forme et le dessin des articles comme les jarres, les pots et les paniers, ont considérablement évolué. La qualité de l'ouvrage, la fabrication et la décoration confèrent à ces objets un intérêt particulier et une valeur unique.

Ci-dessus : Un jeu unique de paniers sirih *de tailles différentes, d'Aceh, au nord de Sumatra. Le panier en éventail est visiblement conçu pour des feuilles de bétel.*

Ci-contre : Ces fioles d'une belle finition sont taillées dans des troncs de bambou, puis munies de bouchons en bois. Ces récipients hermétiques sont utilisés dans de nombreuses régions pour le tabac, le tilleul ou encore pour des flèches empoisonnées.

Ci-dessus : Ces traditionnels paniers et jarres en rotin sont soigneusement tressés dans la province est de Kalimantan. Cette femme met beaucoup de fierté à accomplir son ouvrage. Elle fait à partir de vulgaire rafia plastifié, un admirable travail.

Ci-contre : Dans les zones forestières de la région de Kalimantan où les marchandises sont encore transportées à dos d'homme, la vannerie fait partie intégrante de la vie. Ce panier sera ensuite muni de courroies pour être porté sur le dos.

La vannerie est généralement réservée aux femmes. Chez les Asmat d'Irian Jaya, les femmes se retrouvent pour bavarder et s'occuper ensemble des enfants, tout en poursuivant leur ouvrage. Les enfants sont initiés par le jeu, à l'art de tresser les nattes. Irian Jaya est une région où l'on trouve des arbres et des plantes qui servent à fabriquer de la corde ressemblant au jute que l'on utilise aussi pour fabriquer des sacs en filets.

Ci-dessus : Les troncs de bambous sont entreposés à la verticale pour permettre à l'artisan d'en choisir plusieurs de la même taille, qui seront ensuite sciés et assemblés pour faire des meubles légers et robustes.

Ci-contre : La présence de la communauté occidentale à Bali a engendré des idées nouvelles dans la décoration, comme le montre cet intérieur entièrement décoré avec des produits de l'artisanat local.

TIMOR.

Ci-dessus : Le palmier lontar satisfait à presque tous les besoins des populations de la pointe est de Timor et de Roti. Le suc fermenté est transporté dans des paniers à balanciers, formés d'une seule feuille dont on ligote les nervures aux extremités, à la racine et à la pointe.

Ci-contre : Le pot suspendu à cet arbre sert à recueillir le suc du lontar. Le petit récipient en haut, fait d'une feuille pliée et ligotée, sert à contenir le produit fermenté, un genre de vin de palme.

LE BOIS

En Indonésie, l'arbre à bois pousse en abondance. Depuis l'origine des temps, le bois a toujours été, en Indonésie, une matière essentielle , et l'Indonésien apprit très vite à la travailler et à la transformer à volonté. Le travail sur bois était autrefois superbement décoré de motifs symboliques. Les ancêtres de la nation indonésienne, qui quittèrent le Sud-Est Asiatique pour s'installer dans "les îles du milieu", apportèrent avec eux leur adresse à travailler le bois. L'artisanat s'est ensuite répandu sur l'ensemble de l'archipel et a atteint aujourd'hui un degré remarquable de finesse.

Les populations de Bali ont acquis une renommée internationale grâce à leur impressionnantes gravures sur bois. Pour ces artisans, le travail du bois est par tradition, un moyen d'expression artistique rattaché à la religion. Ce n'est que depuis le début du siècle qu'ils ont commencé à s'en détacher pour se tourner vers d'autres sources d'inspiration, offertes notamment par la nature.

Le travail sur bois des populations Asmat d'Irian Jaya (Nouvelle-Guinée Occidentale), des Torajans des Sulawesi, des Niasans de Sumatra, et d'autres peuplades dites "primitives" d'Indonésie, a une réputation plus exclusive.

Taillé avec de simples doloires, le bois est sculpté dans un style grossier mais très expressif pour fabriquer une variété d'objets dont des statuettes d'ancêtres et des panneaux muraux très originaux. Malheureusement, l'invasion du moderne voue à une disparition rapide et inévitable, cet art aux racines anciennes qui demeure ancré à des croyances religieuses et une tradition dépassée. Elargi à d'autres horizons cependant, l'artisanat demeurera.

Soucieux d'élever le niveau de vie de la population indonésienne, le gouvernement local a fait inscrire l'artisanat sur bois dans les programmes d'éducation. Plusieurs centres d'enseignement technique dispensant une formation particulière, sont en place à Jepara dans la province centrale de Java depuis 1929. D'autre part, à Bali, les artisans connus du grand public, comme Ida Bagus Tilem, partagent leur savoir avec ceux disposés à apprendre. Les populations Asmat, qui se sont ouvertes au reste du monde récemment, ont été de même encouragées, grâce à une intiative des Nations Unies et du Ministère Indonésien pour l'Industrie Légère qui leur garantit des débouchés pour leurs produits, à poursuivre leurs travaux d'artisanat sur bois selon les méthodes traditionnelles.

Ci-dessus : A Nias, au nord-est de Sumatra, à la mort d'un membre de la famille, une figurine représentant le défunt ou adu zatua est projetée contre le mur de droite dans la pièce principale, pour recueillir son esprit.

Pages précédentes : Cette fresque représente un épisode du Ramayana. L'ouvrage, qui mesure plusieurs mètres, a été exécuté par des artisans de Bali pour le hall d'un hotel.

Les hampatong *sont des statuettes Dayak taillées dans le bois ou l'os. Des représentations d'ancêtres disparus, d'animaux ou de démons, elles ont une fonction spécifique. Les miniatures sont utilisées en médecine, les plus grandes dans les cérémonies mortuaires et pour protéger le village. Le peuple* Dayak *ne veut pas se séparer de ses fétiches, c'est pourquoi les statuettes que l'on trouve sur le marché n'ont ni pouvoirs, ni signification particulière.*

Ci-dessus: Cette peinture récente réalisée à Batuan, Bali, montre un vendeur de produits de l'artisanat local.

Ci-dessous : Les ustensiles d'usage courant, taillés avec des lignes très sobres dans le bois ou l'os, embellissent avec le temps et acquièrent une jolie patine.

Cette femme du 19ᵉ siècle colporte des drapeaux en papier, des statuettes en bois et des jouets. Comme les vendeurs de la rue à Bali aujourd'hui, elle a étalé ses articles dans le panier qui, retenu par les pans de son châle, lui aura servi à les transporter.

IDA BAGUS TILEM A Bali, on conçoit la gravure sur bois comme un artisanat ou comme un art. L'artisanat sert en fait de support à la fonction artistique : la production en série pour le marché touristique permet de reproduire l'oeuvre des grands maîtres. Ces deux activités sont intimement liées, et n'aborder que le sujet de l'artisanat serait présenter une image fausse de la sculpture sur bois à Bali.

Il y a cinquante ans, le travail du bois à Bali consistait surtout à représenter des figures de la mythologie ou des textes religieux : divinités ou démons Hindo-Bouddhistes, reproduits avec un minutieux travail de détail, puis peints avant d'être recouverts de lamelles d'or.

Vers 1930 un souffle nouveau apporta des modifications radicales à l'art balinais. Les Européens venaient de découvrir «l'île paradisiaque» comme «une guirlande d'émeraude bordant l'équateur». Il donna naissance à une nouvelle gamme de produits : des figurines dépouillées et des fresques en teintes naturelles dont les courbes sensuelles mettent en valeur le grain du bois. Les artisans se mirent à chercher leur inspiration dans la vie quotidienne.

L'un des ces innovateurs était un jeune homme d'un talent exceptionnel, Ida Bagus Nyana, du village de Mas à Bali. En 1930, il sculptait de longues formes sinueuses de femmes élancées, et dans les années cinquante, des figurines d'homme accroupi. Aujourd'hui son fils, Ida Bagus Tilem, est le maître de la sculpture sur bois à Bali.

Enfant, Ida Bagus Tilem passait des heures à s'imprégner de la culture de Bali, en assistant aux danses, aux représentations d'art dramatique, au théâtre de marionettes en jeux d'ombres et à regarder son père travailler. Il devait alors rester immobile, de crainte de déranger l'artiste. Dès que l'occasion se présentait, il s'emparait d'un outil et laissait son imagination vagabonder sur le moindre morceau de bois. Plus tard, lorsque son père eût reconnu en lui les dispositions d'artiste, il encouragea le jeune garçon.

La vie n'était pas facile et l'argent n'était pas toujours disponible pour acheter des outils. Tilem a donc appris à les traiter avec respect. Aujourd'hui encore, le moindre morceau de bois mérite son attention et sa dévotion. Ses travaux comprennent donc une variété infinie de formes, taillées dans les plus beaux bois comme dans des bois plus ordinaires, dans des racines de souches, et même des bois attaqués par les termites. C'est l'aspect et la texture de la matière qui guident son imagination, les visions de l'artiste n'étant limitées que par les formes de la matière. Avec habileté, il transforme un carré de bois en figurine priant, une branche en femme s'étirant au réveil, et une grosse bûche courte en une mère et son enfant. Il fait des incrustations de bois plus foncé, pour mettre en relief le grain du bois et accentuer les formes et le mouvement.

Tilem conserve beaucoup de ses travaux inachevés, au plaisir de les reprendre au gré de sa fantaisie et de son humeur. Il garde toujours près de lui des feuilles de papier de riz pour ses croquis. Sa journée débute souvent par une session où, couché avec un oreiller sur la tête, il donne libre cours à son imagination. Il s'imagine dans le corps d'une femme ou d'un enfant, puis s'étire ou se pelotonne pour se mettre dans la position du personnage. Le souvenir de cette expérience guide ensuite ses doigts puissants. Les sculptures d'Ida Bagus Tilem ne sont pas des représentations réalistes d'expressions humaines, mais le produit d'une imagination de visionnaire.

Ida Bagus Tilem fait dans son travail preuve de beaucoup de concentration, d'un sens de l'esthétique très développé et d'une discipline très stricte. Il s'atelle généralement au travail, le torse nu, comme s'il existait un parallèle entre la liberté du corps et celle de l'imagination. Il trouve son inspiration dans la nature et la retranscrit sur le bois. Il met tout son coeur et toute son âme dans son travail, à la recherche de l'accomplissement idéal.

Toute sa vie, Ida Bagus Tilem a dû utiliser son talent pour gagner sa vie. «Le fait de mettre dans cet art toute la concentration et l'attention dont on est capable est épuisant» dit-il. «L'énergie a besoin de nourriture et pour cela encore faut-il pouvoir acheter de quoi se nourrir. Il n'est pas dégradant pour l'artiste de produire des objets pour le marché local tant qu'il y met tout son talent».

NYOMAN TOGOG présente un autre aspect de l'artisanat sur bois. Fils d'un architecte classique, Togog se lança dans les années 1960 dans la sculpture de fruits en bois, qu'il peignait de façon très réaliste. Après dix ans, il décida de changer de voie, et il fabrique maintenant des arbres démontables pouvant être facilement transportés.

On a l'impression en se promenant dans l'atelier de Togog, d'être en plein conte de fées. Soudain, on voit des rangées d'arbres sèchant au soleil, des caféiers couverts de bourgeons, des arbres à rambutan garnis de leurs fruits chevelus, des palmiers et des cocotiers dont la pointe des feuilles paraît naturellement décolorée, des buissons nains ornés de fleurs rouges, des fleurs de lotus, des "pattes de kangourou", des hibiscus et des orchidées, à l'image de la nature, mais animés par la fantaisie de l'artiste.

Malgré la rareté et le prix de ce bois, Togog persiste à utiliser du bois de *bentawas*. Il estime que sa texture donne à ses sculptures un aspect plus lisse, et qu'il risque moins de se fendiller. Il travaille sur du bois fraîchement coupé, qu'il laisse bien sécher, avant de l'enduire de peintures acryliques et de peintures spéciales.

Togog estime que son talent est un don du ciel qui doit bénéficier aux autres et il a donc partagé son expérience. Par conséquent, il n'est plus le seul au village de Peliatan à Ubud, Bali, à produire ces ravissants arbres et fruits en bois; ses "disciples" ont aussi monté leurs propres ateliers.

L'HOMME AUX CANARDS DE BALI Les touristes ont du mal à se rappeler le nom de l'artiste, mais ils se souviennent de son travail. Ils ont dû dire à leurs amis : «En arrivant à Gianyar, demandez l'homme qui fait ces jolis canards en bois», et avec le sens de l'humour qui caractérise les gens de Bali, Ngurah Umum adopta officiellement ce surnom.

En 1982, mettant en pratique une idée du Directeur Général de l'Office du Tourisme, M. Joop Ave, Ngurah Umum commença à produire des canards en bois dans son village de Gianyar. Il débuta avec des modèles étrangers, puis dessina lui-même ses canards, certains réalistes, et d'autres plus fantaisistes à la mode balinaise. Comme Nyoman Togog, il préfère, en raison de la texture marbrée que celui-ci donne à ses canards, utiliser du bois de bentawas. Il se sert de peinture acrylique qu'il recouvre de cire à chaussure, pour la protéger.

Ngurah n'a pas d'atelier : les 75 personnes qu'il emploie lui livrent dans son magasin 2 000 canards par mois. Une production massive et en série certes, mais ces objets sont d'une telle splendeur qu'ils sont très prisés à l'étranger.

Au moment où ils ont commencé à s'écarter de la tradition, le talent des sculpteurs sur bois de Bali fut exposé au grand jour. Aucun sujet n'a échappé à leur intérêt. Une de leurs dernières inventions est un mobile composé de figurines d'anges traitées avec une peinture qui leur donne l'éclat de la porcelaine.

Ci-dessus : Pour Ida Bagus Tilem, ces bois aux formes étranges stimulent son génie et son imagination. Comme avec cette épave de bois sur laquelle il travaille, il laisse en général la découpe naturelle et le grain du bois guider ses doigts habiles, pour créer une oeuvre unique, à partir d'un harmonieux mélange de texture, de formes et de fantaisie.

Ci-contre : Un maître de la sculpture guide le jeune artiste dans l'accomplissement de son oeuvre; cette coutume aide à préserver la riche tradition artistique de Bali.

Cette structure chargée de motifs sculptés en relief sur le bois, illustrant la vie d'un grand personnage de l'histoire indonésienne et rappellant à travers une série de scènes figuratives, l'histoire de la nation, ressemble au travail sur l'ivoire.

De vieilles pièces de monnaie chinoise forment ces statues de la fortune, appelées rambut Sedana *ou "le cheveu de Sedana". L'esprit de la divinité s'y loge lorsqu'il est invité à se joindre aux humains, appelé par la fumée de l'encens et par les prières du prêtre. La tête, les mains et les pieds en bois sont recouverts de feuilles d'or.*

Ci-dessus : L'environnement joue un rôle important dans le développement de l'habileté manuelle. A Bali, les enfants participent avec leurs parents dans les sessions de travail. Les petits poncent et polissent le bois et les adolescents façonnent de très jolies pièces.

Ci-contre : L'art classique n'a pas disparu avec les idées nouvelles. L'artisanat continue à s'inspirer de concepts religieux et de textes de la littérature classique pour se faire l'interprète de la sensibilité locale. Les singes sont un sujet de prédilection.

Ci-dessus : Une tendance nouvelle émergea à Bali dans les années quatre-vingt. Des masques, des statuettes, et des reproductions en bois très réalistes de fruits et d'arbres, sont produits par milliers pour approvisionner les marchés touristiques. Ces oies en bois sont fabriquées à Gianyar par Ngurah Umum, "l'homme aux canards" de Bali.

Ci-contre : Avec une gamme complète d'outils, les sculpteurs de Bali travaillent sur de très nombreux types de bois, qu'ils taillent, creusent, entaillent, font éclater, découpent et dolent, pour produire une variété infinie d'articles d'une finition exemplaire.

La fabrication de masques était autrefois une activité très importante. Portés par les danseurs, ces masques représentaient les caractères de par leurs couleurs. Le masque d'ogre aux yeux exhorbités, que l'on voit sur la photo, vient d'être façonné par Wayan Tangguh. Contrairement aux autres, il ne sera pas peint pour que le grain du bois mette en valeur les joues épaisses. Celui de gauche par contre, dépeint un personnage plus raffiné, avec ses sourcils fins et arqués et ses dents bien alignées.

Les styles de travail sur bois de Bali et de Java ont les mêmes origines. Lorsque Java se convertit à l'Islam aux 14e et 15e siècles, les Hindous se réfugièrent à Bali, où ils pouvaient pratiquer leur religion librement. L'artisanat était à l'époque rattaché au culte, et la sculpture était une façon de rendre hommage aux divinités.

L'Islam découragea toute représentation des formes humaines et animales et, dans l'ardeur de leur nouvelle foi, les artisans javanais se mirent à la recherche de nouveaux motifs. C'est ainsi qu'ils s'orientèrent vers la sculpture sur bois en relief avec des dessins calligraphiques et des motifs de fleurs. Jepara, sur la côte nord de la province centrale de Java, est toujours un important centre de production de ce style d'artisanat sur bois.

Au 14e siècle, Jepara était un des plus gros ports de commerce du pays; il fut de ce fait soumis à de nombreuse influences extérieures qui, s'étant mélangées aux traditions locales, ont engendré des conceptions tout à fait nouvelles. L'influence consécutive de la Chine, de l'Inde, du Cambodge et de l'Islam, lui a donné des caractéristiques très distinctes. Les constructions de l'époque sont abondamment décorées de sculptures, comme la superbe mosquée de Mantingan bâtie au 16e siècle, qui est à elle seule un témoignage de l'ingéniosité et du talent des artisans de la région centrale de Java. Certains des motifs sont si intelligemment travaillés qu'ils camouflent complètement les figurines d'animaux stylisées.

A la fin du 19e siècle, les demeures étaient entièrement décorées de panneaux de bois sculptés, d'un détail et d'une complexité extrêmes. Mais le marché local demeurait trop restreint. Le Régent de Jepara, partisan du progrès, emmenait le dimanche ses enfants au village, pour voir de plus près — et même parfois partager — les conditions de vie des populations rurales. Au cours de l'une de ces visites, sa fille aînée, Raden Ajeng Kartini, une adolescente précoce, fut attirée par le travail d'un artisan. Elle se mit à lui poser des questions. Ayant réalisé que leurs revenus étaient insuffisants pour les faire vivre, Kartini essaya aussitôt de trouver un moyen d'aider ces gens. Elle conçut plusieurs modèles de petits objets, des boîtes à couture, des étuis à cigarettes, et de petites tables basses, qu'elle revendait ou offrait à ses amis de Java et de Hollande. Son père passa ensuite de plus grosses commandes, des lits, des canapés et d'énormes paravents, ciselés comme de la dentelle. Son frère du Demak se fit faire des panneaux en chêne, taillés en filigranes.

Grâce à cette remarquable jeune femme, les artisans de Jepara sont vite devenus célèbres. L'histoire devait leur réserver quelques déclins et remontées de fortune, mais on peut dire aujourd'hui qu'ils ont bien réussi. Grâce à un enseignement spécialisé dispensé dans les centres d'artisanat, et grâce aux conseils avisés que leur prodigue le gouvernement, ils ont su maintenir dans cette spécialité, un niveau d'excellence qui est à la mesure de leur talent.

Ces crochets de rideaux de la région est de Java sont sculptés en forme de najas, des serpents sacrés qui sont l'un des symboles les plus utilisés dans la décoration javanaise.

L'artisanat sur bois de Jepara, composé essentiellement de motifs floraux, a valu aux artisans javanais d'acquérir une renommée mondiale. Ci-dessus : Des artisans utilisant le biseau et le burin pour sculpter sur des meubles en bois dur, des motifs en relief.

Ci-dessus : Réplique du couple de figurines traditionnellement déposé devant le lit nuptial dans les demeures de la noblesse javanaise. La femme représente Dewi Sri, déesse de la fertilité, et le lit, centre symbolique de l'univers familial, est son lieu préféré.

Ci-contre : Intérieur javanais dans lequel figurent différents exemples du travail du bois qui se fait dans la région centrale de Java, appelé "travail sur bois de Jepara".

Pages suivantes : Collection d'anciens masques javanais topeng. *La patine du grand masque a sans doute été obtenue grâce à une peinture à base d'os ou de coquilles d'oeufs, qui donne l'éclat de l'émail.*

Ci-dessus : Cette photo datant du début du siècle montre un vieil homme sculptant une marionette en bois dans la province centrale de Java. La fabrication de marionettes wayang golek *est une spécialité des îles de la Sonde.*

Ci-contre : Lithographie du 19e siècle illustrant des masques en bois portés par les danseurs, des marionettes en bois et en cuir, et une représentation de marionettes en jeux d'ombres à Yogyakarta.

Pages suivantes : Les marionettes en bois wayang golek *sont traditionnellement vêtues d'habits d'apparât, constitués d'un jupon en batik et d'un corsage en velours noir brodé de fil d'or. Elles sont animées à l'aide d'un long morceau de bois placé à l'intérieur du corps qui traverse l'abdomen jusqu'à la tête, et par deux baguettes de bois plus fines reliées aux membres supérieurs mobiles.*

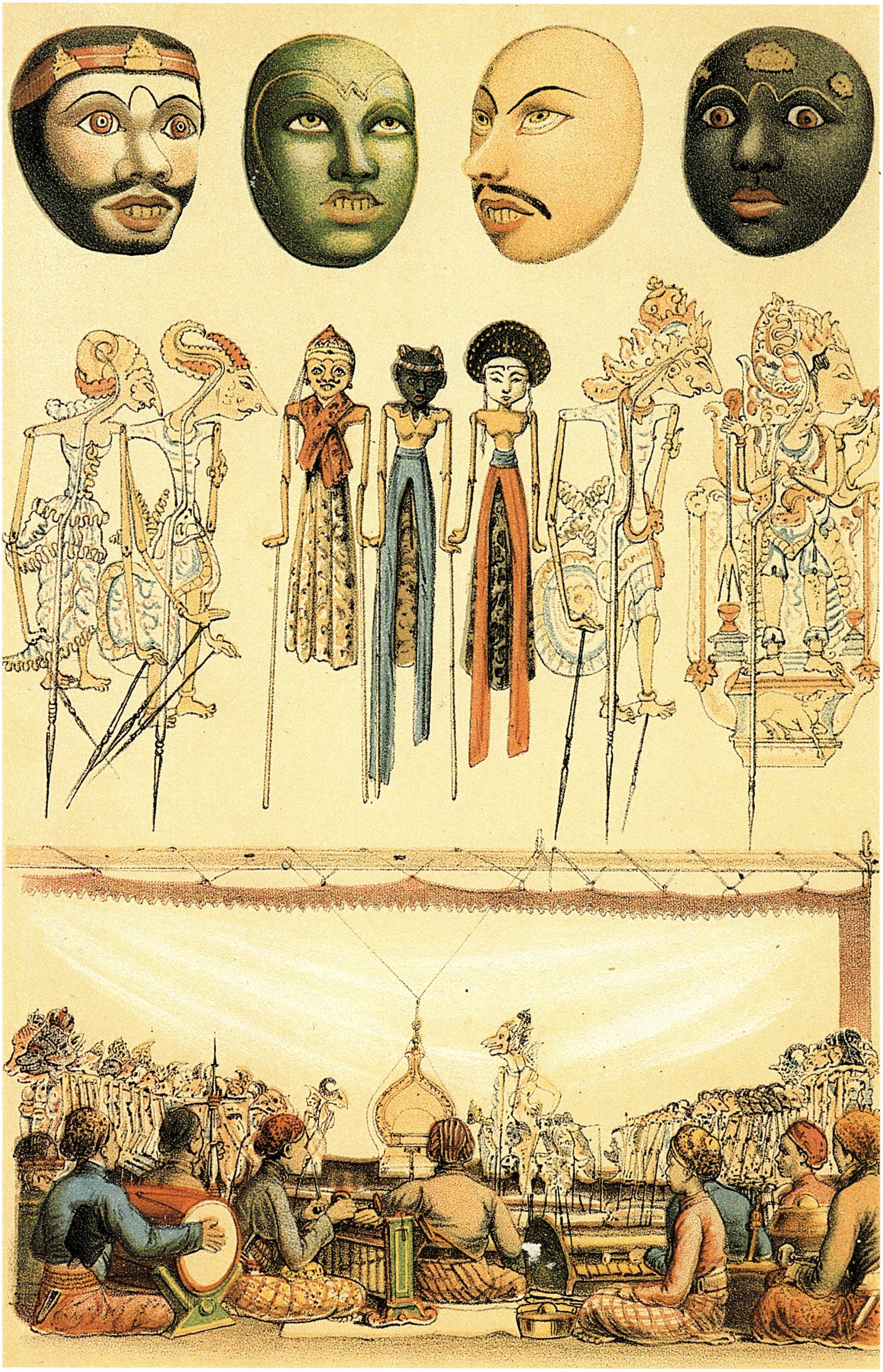

Le style grossier et mouvementé des sculptures sur bois des Asmat d'Irian Jaya, contraste vivement avec la finesse des produits javanais et balinais. Des formes angulaires anthropomorphes ont l'air de s'être superposées dans l'espoir d'atteindre le haut des *bis*, ces grands pylônes qui ont au sommet un pendant qui ressemble à un pénis. Les *tameng* sont des petites figurines recroquevillées sur des boucliers recouverts de motifs rouges et blancs.

Les Asmat vivent au sud-ouest d'Irian Jaya, une province d'Indonésie qui partage avec la Papouasie Nouvelle-Guinée, une des plus grandes îles du monde. Une population de près de 60 000 habitants vit éparpillée, sur cette terre inhospitalière, composée de marécages et de jungle impénétrable. Ils pratiquent le culte des anciens et vivent dans un monde rempli de la mémoire de leurs ancêtres, qu'ils vénèrent comme des divinités. Leur folklore regorge de contes fantastiques, et cette mythologie transparaît nettement à travers leur art et leur artisanat.

Les outils des Asmats sont très rudimentaires. Ils utilisaient au départ des os de casoar et des coquillages. Les premiers échanges apportèrent le doloire de pierre, mais ce n'est qu'après les premiers contacts avec "l'homme blanc", au début du siècle, qu'apparut l'herminette de fer qui leur sert à tailler le bois. La teinture du bois est obtenue à partir de charbon, de chaux vive et d'un fruit sec de couleur rouille. Ils utilisent plusieurs bois durs, mais seul le palétuvier a les qualités spirituelles adaptées à la fabrication des bis et des boucliers — objets qui sont investis de pouvoirs surnaturels. Dans cette culture, les arbres sont assimilés au corps humain, et l'on dit de l'Asmat qu'il fait face à la vie avec la même ténacité que les racines du palétuvier. Le bis est taillé dans un seul tronc d'arbre, et avant d'être mis en terre, il doit être renversé, pour que la pointe de l'une de ses racines flotte au vent. Mais avant d'être érigé, le tronc est posé à plat sur le sol pour la sculpture des motifs; lorsqu'il est prêt, il est planté juste devant la porte d'entrée de la demeure.

Tailler les images "d'anciens" n'est pas à la portée de tous. La famille d'un défunt s'adresse généralement à un *wow-ipits* réputé pour sculpter l'image servant aux rites funéraires. Au cours des deux ou trois semaines de travail, l'artiste est pris en charge par la famille, pour qu'il puisse concentrer tous ses pouvoirs et son talent. De riches cérémonies ont lieu tout au long de cette période, suivies de somptueuses festivités pour consacrer l'objet de culte.

Sculpter les totems et boucliers était autrefois lié à la culture religieuse des chasseurs de tête. Avec l'abandon de la chasse aux têtes, l'objectif premier de ce travail a disparu. Les Asmat ont ainsi perdu un important point de repère culturel. En 1969, le Ministère Indonésien pour l'Industrie Légère mit en place avec l'aide des Nations-Unies, un programme pour revitaliser cet artisanat. Des maîtres-artisans furent recrutés pour transmettre leur savoir aux jeunes, et leurs produits vendus à l'étranger. Il ne s'agissait pas de véritables pièces anciennes, mais de répliques authentiques. La première année, plus de 1500 articles ont été vendus. Une bonne part des profits devait ainsi financer le développement des Asmat.

Ce programme a aussi permis d'attirer l'attention du monde entier sur une forme d'artisanat unique, et a donné aux Asmat une motivation pour poursuivre leurs activités artisanales. Il existe aujourd'hui en Irian Jaya, un musée d'art Asmat, un centre d'exposition et de vente d'objets Asmat, et à Jakarta, une galerie commerciale. L'artisanat sur bois des Asmat a plus ou moins gardé son authenticité, avec quelques modifications cependant, selon les besoins de l'acheteur moderne; par exemple, les poteaux-bis ont été ramenés à des proportions plus transportables.

Ci-dessus : Navette de tissage en bois d'Irian Jaya.

Ci-contre : Parce que le métal est rare en Irian Jaya, les artisans utilisent des tournevis affutés et des coquillages pour poncer les contours du bois.

Pages suivantes : Les Asmat décorent avec attention la proue de forme phallique de leurs canots. Les motifs reflètent leur conception du monde qui les entoure.

Ci-dessus : Pour gagner leur vie, les artisans traditionnels se sont tournés vers le marché touristique qui fait appel à leur génie créatif et leur fournit de nouveaux débouchés pour leurs produits.

Ci-contre : A Tana Toraja, au sud des Sulawesi, les morts sont placés sur une plateforme sur-élevée en forme de tour, au centre du lieu de cérémonie. Cet échaffaudage est entièrement décoré de panneaux de bois sculpté symbolisant la vie du défunt.

Dans la région est de Kalimatan, les femmes portent leur enfant sur le dos, dans des hottes en bois, couvertes de motifs aux vertus protectrices pour garantir le bien-être de l'enfant. Des coquillages, des perles ou des dents d'animaux y sont aussi incrustés.

Celui qui sculpte les images investies d'un pouvoir surnaturel, jouit généralement d'un statut particulier. Plus qu'un artisan, il est un magicien que l'on reconnaît aisément à certaines prérogatives dans la tenue vestimentaire.

En haut : Ce motif aso *est omniprésent dans l'art Dayak des populations de l'est de Kalimantan.*

En bas : On trouve depuis peu à l'est de Kalimantan, des figurines d'hommes vêtus de T-shirt.

Ci-contre : L'architecture contemporaine continue à s'inspirer des formes et des concepts de l'art classique.

Danseurs Hudoq de Kalimantan est, se préparant à revêtir leur masque pour prendre part dans les danses qui garantiront une bonne récolte. Les masques, d'une expression terrifiante, font fuir les esprits maléfiques, tout en attirant les esprits favorables.

Ci-contre : Les populations de Sumatra, de Kalimantan, des Sulawesi et d'Irian Jaya ont l'avantage d'avoir à leur disposition une grande variété de bois, des plus durs aux plus mous. La sculpture sur bois est très répandue en Indonésie, mais dans ces îles, elle joue le plus grand rôle du point de vue social.

Ci-contre : Sur cette plaquette Asmat finement travaillée, qui est destinée au fils survivant pour commémorer ses "ancêtres" disparus, les figures représentées sont celles de son grand-père et de son père.

Ci-dessus : Ces tongal *sont utilisées pour transporter l'argent et les objets de valeur. Maintenues à la ceinture par une écharpe ou un turban, ces boîtes sont finement taillées dans le bois ou la corne.*

Pages précédentes : La tradition voulant qu'il n'y ait pas de distinction entre l'utilitaire et le décoratif, les objets utilitaires sont embellis par des décorations symboliques. Ces figurines qui ornent le manche d'ustensiles courants, ont été choisies parce qu'elles sont chargées de pouvoirs de protection.

Dans les maisons modestes, les boîtes de rangement faites de bois, de rotin et d'écorce teinte jouent un rôle essentiel dans l'organisation ménagère.

Ci-dessus : Cette coupe rouge et noire en bois laqué, du sud de Sumatra, sert de base idéale pour un arrangement de fruits exotiques de Bali.

Ci-contre : Des coupes, des bols et des plats en bois sont fabriqués à Jakarta selon le style traditionnel de la province sud de Sumatra. Le bois est imprégné d'une peinture rouge-vermillon, puis les motifs sont peints avec une pointe fine imbibée d'encre noire.

Ci-dessus : Au temps où chiquer de la noix de bétel faisait encore partie des coutumes, tout bon hôte respectant les traditions d'hospitalité devait être en mesure d'offrir à ses invités du sirih *présenté dans ce jeu de coffrets en bois sculpté. Les pinces en fer servaient à casser les noix d'arec.*

Ci-contre : Mobilier en bois sculpté d'un style qui dénote une influence européenne. A noter en particulier les animaux fantaisistes qui soutiennent le blason ressemblant à un emblème royal, sur le gros coffre "Palembang".

LA TOILE

Le tissage est un dérivé naturel de la vannerie. Pour faire de la toile, les fibres sont tissées sur un métier similaire à celui qui sert à tisser le coton et la soie. De nombreuses techniques de décoration utilisées en vannerie, servent aussi au tisserand pour apposer sur la toile des motifs d'impression colorés.

Les Indonésiens tissent depuis longtemps. Les poteries découvertes sur les sites archéologiques portent des marques d'impressions laissées sans doute par des étoffes tissées. Les Indonésiens commencèrent très tôt à faire du tissage, avec les fibres de coton et de bambou, les tiges de bananier, les feuilles d'orchidées et l'agave, pour fabriquer des toiles à raies ou à carreaux, et des tapisseries *ikat* ornées de motifs apposés sur la chaîne même de l'étoffe.

"Ikat" veut dire "bander" : le procédé consiste à enrouler autour de certaines portions de la chaîne, des fibres résistant à la teinture, en suivant le dessin désiré. Lorsque l'ouvrage est teint, on enlève les bandes, exposant les parties qui ont gardé leur couleur naturelle. Les fils de trame sont ensuite passés à travers la chaîne. Alternativement, on peut appliquer le même procédé sur la trame de l'étoffe et tisser par dessus, une chaîne pour superposer un nouveau motif. Cependant le traitement ikat est surtout utilisé pour le tissage de la soie ou de fibres soyeuses.

Le *batik* est une autre technique ancienne, employée autrefois au Pérou pour décorer les poteries. Elle a aussi été utilisée sur les textiles de par le monde. De la cire ou de l'amidon est utilisé pour éviter que les fils de chaîne ne s'embrouillent, pour protéger les fibres de la teinture, et pour éviter les marques de doigts. La cire ou pâte d'amidon protège la toile de la teinture là où l'on souhaite faire apparaître le dessin. La substance résineuse est appliquée à l'aide d'un crayon à dessin, de tampons d'imprimerie ou d'un pochoir. Elle peut être constituée d'un mélange de parafine, de cire d'abeille et de résine, ou d'une pâte faite à partir de tapioca, de riz, de "tofu" (soja écrasé), ou encore d'une mixture de cacahuètes pulvérisées et de chaux. Le tissu est ensuite tempé dans une cuve contenant un bain de teinture, puis mis à sécher. Lorsqu'il est sec, on retire la cire ou la pâte d'amidon, en la grattant ou en la faisant fondre, et l'on obtient un motif bicolore. Le procédé est répété pour chacune des couleurs à utiliser.

Une autre technique employée en Indonésie est le *songket*. Elle consiste à appliquer sur la trame du tissu, des motifs constitués de fils d'or ou d'argent que l'on tisse en même temps que la soie. Comme la trame du tissage est très fine, les fils métallisés plus épais mettent les motifs en relief. Dans certains cas, la tapisserie est entièrement recouverte de motifs dorés; dans d'autres, ce procédé n'est utilisé que pour un petit dessin particulier reproduit à certains endroits sur l'étoffe, soit avec des fils métalliques, soit avec des fibres de soie ou de coton de couleur.

Le textile indonésien utilise toutes sortes de fibres et diverses techniques pour produire une variété de tissus, pour l'habillement, mais aussi pour décorer les lieux de cérémonie, sceller un engagement, et pour séparer lors de manifestations publiques, les invités d'honneur du reste de la foule. Nous n'aborderons ici que deux spécialités, celles qui ont dépassé les limites de la tradition et qui suscitent aujourd'hui un intérêt international : le batik et l'ikat.

Les offrandes sont recouvertes de riches étoffes, telles ces broderies sur velours de l'ouest de Sumatra.

Pages précédentes : Les tissages sur chaîne supplémentaire faits à Bali sont caractérisés par l'emploi de couleurs vives et lumineuses.

A Tenganan, à Bali, on fabrique des tissus ikat double pour les usages rituels. Pour le tissage ikat double, la chaîne et la trame sont toutes deux teintes, et une grande précision est nécessaire pour les aligner exactement sur le métier.

LE BATIK : CHANGEMENT ET CONTINUITE

par Iwan Tirta

L'origine du batik indonésien a été longuement débattue. Qu'il ait été importé de Chine ou d'Inde, ou qu'il soit le produit de méthodes indigènes, on identifie le batik à la province de Java. C'est là — parce qu'il incarne l'art de vivre des Javanais — que le batik est arrivé à son apogée.

Pour les Javanais, le batik retrace les liens avec la tradition, les croyances, le folklore, la vie et le protocole du temps des cours de souverains. Par ses couleurs et ses motifs, il révèle la région d'où il provient et même le tempérament de la personne qui l'a créé ou qui le porte.

Les motifs et les techniques des batiks traditionnels sont uniques et inimitables. On y retrouve le même sens artistique des Javanais, qui s'exprime à travers le théâtre de marionnettes *wayang*, la musique *gamelan* et les sculptures anciennes. Le batik traditionnel est si étroitement lié aux rites qu'on le croirait magique. Nombreux sont ceux qui sont encore convaincus que la puissance du motif peut porter chance ou écarter la maladie, tel le batik dont on enveloppe les jeunes mariés. Il servait aussi au protocole : par ses motifs, on distinguait les origines et le rang des courtisans. Certains motifs étaient réservés à la noblesse.

Autrefois, les batiks étaient tous faits selon le même procédé. On se servait de cire liquide pour protéger les parties du tissu qui ne devaient pas être soumises à la teinture. Pour le batik, on utilisait de fines cotonnades et de la soie de Shantoung. Le tissu était lavé dans une solution de paille de riz; il était ensuite séché au soleil, puis étiré et battu. Le dessin était alors tracé sur le tissu avec un crayon ou avec du charbon.

Aujourd'hui peu d'artistes sont capables de manier avec adresse le *canting*, cet instrument typiquement javanais qui permet de tracer le dessin sur le tissu. Le canting (se prononce "chanting") est un stylo à cire, avec un manche en bambou muni d'une petite cuvette en cuivre pour la cire, et d'une pointe fine qui permet de faire des tracés extrêmement précis. On dessine à la cire les contours du motif sur les deux côtés du tissu, puis l'on remplit les espaces avec des rayures ou des pois, créant ainsi un motif dans le motif. C'est à cette caractéristique du double motif que l'on distingue le batik javanais des autres batiks. Les batiks indiens, sri lankais, thaïlandais et malaisiens n'ont pas ce dessin supplémentaire *isen-isen*.

Autrefois, dans les centres de production de Surakarta et de Yogyakarta, on plongeait le tissu dans un bain indigo, puis dans une cuve de teinture brune. Ce procédé comprenant plusieurs bains de teinture durait plusieurs jours. Tous les teinturiers avaient leur propre "formule secrète", transmise de génération en génération. Toutes sortes d'ingrédients entraient dans la composition de ces teintures, y compris le sucre de canne, la banane, et même la chair de poulet, rajoutés dans l'espoir d'accélerer le processus de fermentation. L'introduction des teintures chimiques a malheureusement fait perdre à ce procédé le charme qu'il avait aux temps des "potions magiques" concoctées à partir de composants naturels.

Après la première teinture, la cire est retirée en la faisant fondre. On recommence le procédé étape par étape, recouvrant de cire les parties à protéger lors de la seconde teinture, et exposant les parties à colorer. Une fois la dernière teinture faite, le tissu est plongé dans un bain d'arrêt pour fixer les couleurs. Ce bain, constitué d'un mélange d'eau et de jus de citron vert, donne aux couleurs plus d'éclat et une luminosité particulière.

Ce sont les règles d'or du batik, selon les méthodes traditionnelles. Plus le motif est compliqué, plus le procédé est long, car il faut à chaque fois refaire la même opération. Une méthode plus rapide a cependant été découverte. Elle permet grâce à un outil de cuivre appelé "cap" (se prononce "chap"), en forme de tampon d'imprimerie, d'écourter ce laborieux procédé. Le cap permet de tracer plusieurs lignes en même temps. Comme avec le procédé original, le motif est appliqué symétriquement sur l'endroit et sur l'envers du tissu. Cette méthode limite cependant les motifs à des compositions simples et répétitives.

Chaque région de Java a son motif et ses couleurs favoris. Les batiks de Jakarta et de Surakarta utilisent le bleu et le marron foncé sur un fond blanc ou beige. Sur la côte nord de Java, dans les basses terres appelées "pasisir", on préfère des tons vifs et des motifs plus vivants. Le choix des coloris est souvent le fruit d'influences étrangères. On trouve des roses lumineux, des jaunes vifs et des bleus pastels qui traduisent ici l'influence des Européens et des Chinois Peranakan. Pekalongan, sur la côte nord de Java, est plus connu pour ses couleurs flamboyantes.

Les femmes de l'ouest de Sumatra sont réputées pour la finesse de leur broderie. Cette lithographie ancienne montre plusieurs femmes brodant les contours des dessins pour mettre en valeur les motifs du batik. Les tissus batik ont été produits sur la côte nord de Java, selon des critères qui répondent aux goûts de la population de Sumatra.

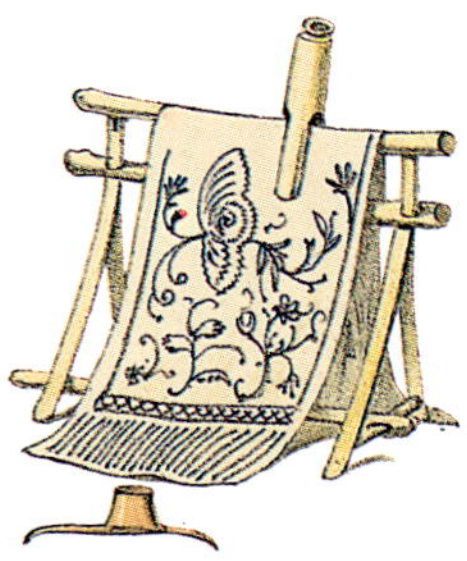

Un artisan du batik à l'ouvrage. Assise face à une pièce de tissu étalée sur un support en bambou, cette femme soutient de sa paume ouverte l'une des extrémités du tissu, et dessine un motif sur l'étoffe à l'aide d'un canting, *une pointe remplie de cire liquide.*

Jusqu'à une époque assez récente, les étoffes et les textiles tissés à la main se vendaient surtout dans les grandes villes, par l'intermédiaire de colporteurs comme ce marchand ambulant, dont le portrait a été peint au 19ᵉ siècle.

Les batiks de Cirebon,situé sur la côte nord de Java, sont d'un intérêt particulier. Cette ville a longtemps été un grand centre d'art et de batik, patronnée par les maisons royales. Les batiks des palais de sultans à Cirebon sont richement décorés de paysages, de nuages, de roches et de jardins. D'un rouge foncé sur fond beige, ces batiks sont ornés de blasons et d'animaux symboliques.

Il y a en Indonésie de nombreux centres de production et une profusion de styles. D'après le motif, on distingue deux grandes traditions. La première, la plus ancienne, utilise surtout des motifs géométriques, et la seconde se base sur des dessins plus fantaisistes, correspondant à des formes naturelles et à des dessins symboliques.

L'un des plus anciens dessins géométriques utilise la texture et les motifs du tissage. Le plus connu est le *nitik*, qui imite les étoffes *patola*, une spécialité du Gujerat en Inde, introduite il y a plusieurs siècles. Le *kawung*, formé de cercles se touchant ou se chevauchant, était à Yogyakarta exclusivement réservé à la royauté. Le *ceplok* plus imaginatif est constitué d'une grille comportant à l'intérieur des dessins géométriques, dans lesquels sont tracés des dessins abstraits de fleurs, de bourgeons ou d'animaux.

Les motifs en diagonale font partie du groupe des *lereng*. Ils sont consistués de rangées de traits épais, formant des bandes de motifs. Parmi ceux-ci, le motif *parang rusak* est sans doute le plus connu. Le *parang rusak barong*, un motif "sacré" par tradition, ne figurait que sur les somptueux vêtements de cérémonie du roi, et sur les offrandes faites à la Déesse des Mers du Sud.

Les dessins imaginatifs *semen* comprennent une variété de motifs. Cette tradition plus libérale offre à l'artisan plus de liberté pour exercer son imagination, et à condition qu'il respecte certaines règles de bases, il peut improviser sans trop de restrictions. Dans ce style, on se sert très souvent de vrilles en forme de feuilles pour le fond de l'ouvrage. La plupart sont formés de motifs superposés représentant des insectes, des animaux ou des fleurs, sur un fond de feuillages ou de bourgeons en floraison. L'apposition d'un blason royal, comme l'emblème bien connu de l'aile ou des ailes de l'aigle indonésien *garuda* indique le plus souvent que le motif appartient en propre à l'une des familles de souverains.

Ayant grandi à Java juste avant la deuxième guerre mondiale, j'étais conscient de l'importance culturelle du batik. Dans une communauté aussi artistique, le fait de disposer des meilleurs textiles a créé un climat propice au développement d'une industrie. La production se faisait à domicile ou dans de petits ateliers, mais les affaires marchaient bien. La famille royale, privée par les Hollandais du pouvoir politique, jouait un grand rôle culturel, et l'aristocratie javanaise s'efforçait de guider l'artisanat du batik. Durant la période précédant la deuxième guerre mondiale, le batik connut à Java ses meilleurs moments de gloire.

La guerre et l'occupation japonaise apportèrent d'importants bouleversements. Les revenus étaient insuffisants pour satisfaire aux besoins les plus modestes. Pour survivre, la noblesse dut se défaire de ses objets de valeur, et les collections privées furent confisquées par les Japonais.

La lutte pour l'indépendance désorganisa complètement le pays. De nombreuses familles se séparèrent pour partir à la recherche de territoires contrôlés par les républicains. De nombreux batik d'une valeur inéstimable furent perdus. L'artistocratie javanaise, victime de l'insurrection, dut de gré ou de force, abandonner son rang et ses superbes gardes-robes constituées des plus belles pièces de batik.

L'industrie du batik survécut à tous ces événements, mais dut souffrir certains changements. Le matériel de base était le tissu de coton, dont les plus fins venaient de Hollande; en temps de guerre il y eut une rupture complète de l'approvisionnement. Une activité plus fébrile se poursuivit cependant sur les stocks existants, soigneusement cachés. Les artisans de Java trouvèrent vite une solution ingénieuse à la pénurie. Deux motifs différents étaient imprimés à chaque extrémité d'un pan de tissu, de façon à offrir aux clients deux tenues différentes. Cette pratique fut appelée "pagi-sore" : "tenue du matin, tenue du soir". De nouveaux motifs d'inspiration chinoise et japonaise furent conçus à cette époque. D'une grande complexité de détail, ces superbes motifs furent baptisés selon les slogans japonais en vigueur le jour de la conception, donnant des noms curieux, comme "batik Jawa Hokokai", c'est-à-dire "Sphère Javanaise de la Prosperité". Ces batiks ravissants étaient fabriqués dans les ateliers d'entrepreneurs chinois à Pekalongan, dans la zone côtière de Java.

Ci-contre : Ce dessin d'oiseau stylisé, sawat *en langage batik, a été pendant longtemps exclusivement réservé au Sultan de Yogyakarta.*

Un motif très particulier que celui de ces dessins de nuages, qui caractérise la région de Cirebon. Généralement teints dans des tons degradés de rouge et de bleu pâle, ils reflètent l'influence chinoise qui s'est exercée sur cette partie de l'Indonésie.

Pekalongan, le premier à faire usage de teintures chimiques, produit des batiks muticolores depuis longtemps. Comme ces tissus colorés devenaient à la mode, l'aristocratie javanaise se mit à utiliser des couleurs plus vives.

Plusieurs jeunes femmes entreprenantes s'étaient déjà lancées avant la guerre, dans la fabrication de batiks plus "européens". Conçus pour une clientèle assez limitée, ces motifs floraux dans des tons pastels eurent tant de succès que de nombreux entrepreneurs se mirent à les imiter.

L'influence des batiks *pasisir* toucha bientôt tout le pays. A Garut et à Tasikmalaya, l'industrie du batik s'était déjà reconvertie avant la guerre, dans des couleurs plus vives. Mais maintenant, même dans des centres comme Yogyakarta et Surakarta, autrefois des bastions de la pratique des teintures végétales, la production s'est "modernisée", en ayant recours à des tons plus chauds et plus vivants.

Dans les années 50, l'industrie du batik bénéficia d'un second souffle grâce au Président Soekarno. Il invita de nombreux artistes et des entrepreneurs du batik à exposer leurs oeuvres dans le Palais Présidentiel de Jakarta. Son attention fut particulièrement attirée par un jeune homme de Surakarta, Go Tik Swan, qui s'appelle aujourd'hui K.R.T. Harjonagor. Inspiré par le sens des couleurs de Mme Bintang Sudibyo, Go Tik Swan combine les techniques de batik pasisir avec les motifs autrefois réservés aux familles royales pour produire de très beaux batiks. Ses ouvrages, d'une grande finesse et de tons subtils, devinrent vite très prisés dans la capitale. Mais dans les milieux aristocratiques de Yogyakarta et de Surakarta, on restait attaché aux teintes classiques du brun et du bleu.

Le soulèvement de 1965 amena de nouvelles tendances. Mme Tien Soeharto, la première dame d'Indonésie, garde des liens de famille avec la maison royale Mangkunegaran de Surakarta, et a toujours une préférence pour les somptueux batiks de Surakarta dans des tons de beige et de marron. Sous son patronage, les artisans de Surakarta, comme Raden Ayu Hardjiowiratmo, plus connu sous le nom de Ibu Kajeng Wonogiri, se mirent à modeler le goût des consommateurs de Jakarta, en produisant exclusivement pour l'élite de la capitale. Les artisans de la côte nord suivirent leurs pas et inondèrent très vite la place de reproductions à bon marché de "batiks traditionnels".

A la fin des années 60, le batik connut un nouvel essor. Le tourisme lui offrit la possibilité de fabriquer de nouveaux produits. Autrefois limité aux vêtements, le batik s'étendit à la fabrication de tissus d'ameublement qui séduisirent de nombreux décorateurs. Le batik fut employé comme linge de table, pan de décoration, rideaux et tapisserie. Les motifs furent revus et de nouveaux dessins créés. Encouragés, les artisans au nombre desquels je me compte, se mirent à expérimenter avec de la laine, de la soie et des cotons épais. La soie n'était pas étrangère aux techniques du batik, car l'on produisait déjà sur la côte Nord, des écharpes et des sarongs en soie pour approvisionner les marchés de Bali et de Sumbawa. Grâce à ces travaux de recherche, le batik est devenu à cette époque, un véritable attribut de la mode sur le plan international.

Ma passion pour le batik remonte à 1961 avec les recherches que j'effectuais pour un livre sur le batik. En parcourant les îles de Java et de Madura pour trouver des pièces traditionnelles, je me rendis compte de l'importance et de la richesse du batik indonésien. Mon rêve se concrétisa avec l'ouverture de mon propre atelier. La production de quelques belles pièces me valut d'attirer l'attention de nombreux amateurs de batik. Il y eut ensuite les expositions dans plusieurs capitales du monde. L'intérêt du consommateur à obtenir un produit de luxe, fabriqué selon les méthodes traditionnelles, nous poussait à expérimenter sur de nouveaux tissus, et les contacts avec quelques grands décorateurs, nous entraînaient en direction des tissus d'ameublement. L'Indonésie était en train de s'ouvrir au tourisme, et très vite, tous les hôtels et les bâtiments publics se mirent à utiliser des batiks.

L'éventail des produits du batik est très large. Ce sont aujourd'hui des textiles appréciés partout. Dans le monde contemporain, il n'est pas surprenant de voir un renouveau d'intérêt pour le batik patiemment travaillé à la main, et qui s'adapte à de nombreux emplois. Bien qu'il ait changé en apparence, en texture et en coloris, le batik continue à se faire à la main avec des méthodes qui n'ont pas changé. L'attrait qu'exerce le batik à l'heure actuelle contribuera certainement à la préservation et à la revitalisation de cet artisanat très ancien qui demeure l'une des plus grandes richesses du patrimoine culturel indonésien.

L'invention du cap, *un genre de tampon en cuivre pour imprimer les motifs sur le tissu, au début des années 1800 révolutionna l'industrie du batik. Le temps passé à appliquer la cire a été réduit, et le monopole des femmes dans ce stade particulier de la filière du batik a été rompu. En haut : la fabrication d'un bloc d'impression. Au milieu : une vue agrandie du bloc d'impression.*

Aujourd'hui les femmes préférent être employées dans une "usine de production" de batik, où on leur garantit un salaire fixe et des débouchés pour leurs produits.

Iwan Tirta, le maître du batik en Indonésie, est l'un des rares artistes hommes à faire du batik en guise de relaxation. Il a étalé devant lui, tout un assortiment de crayons. Munis chacun d'une pointe différente, ces crayons l'aident à tracer directement les motifs sur le tissu.

En haut : Après le bain de teinture, le tissu est placé au-dessus d'une cuvette pour qu'il s'égoutte et qu'il sèche.

En bas : Les tissus batik sont mis à sécher dans un endroit abrité, exposé aux rayons du soleil matinal qui aide à fixer les couleurs.

Ci-dessus : Une danseuse donnant une représentation devant des gentilshommes javanais. Ils sont vêtus de batiks comportant des motifs en diagonale.

Ci-contre : A Java, les motifs diagonaux constituent une catégorie particulière. L'artisan applique le motif sur le tissu en commençant par l'extremité gauche, au bas de l'étoffe, puis en remontant progressivement vers le haut dans le sens nord-est.

Ci-dessus : Un pan de tissu batik enroulé autour du corps constitue l'habit traditionnel des Balinais.

Ci-contre : Quelques entrepreneurs chinois et hollandais de Pekalongan au nord de Java, ont développé ce style original de batik comportant des motifs floraux compliqués.

Pages suivantes : Quelques batik javanais. Le pagne kain kembangan *(en haut à gauche) comporte un motif central, réalisé à partir de la technique du nouage et de la teinture, entouré par une bande en batik. Le* kian tiga negeri *(en bas à gauche)est un batik traditionnel dont l'impression se fait en trois étapes, et chacune des bandes comporte un motif et des couleurs différentes. Les batiks de la côte nord (en haut à droite) sont caractérisés par l'influence chinoise dans le choix des motifs et des tons pastels. Les batiks* lasem *(en bas à droite), dont les motifs sont définis par des pointillés, sont obtenus en perçant la cire avec des épingles, permettant aux teintures de pénétrer par endroits à travers la couche de cire.*

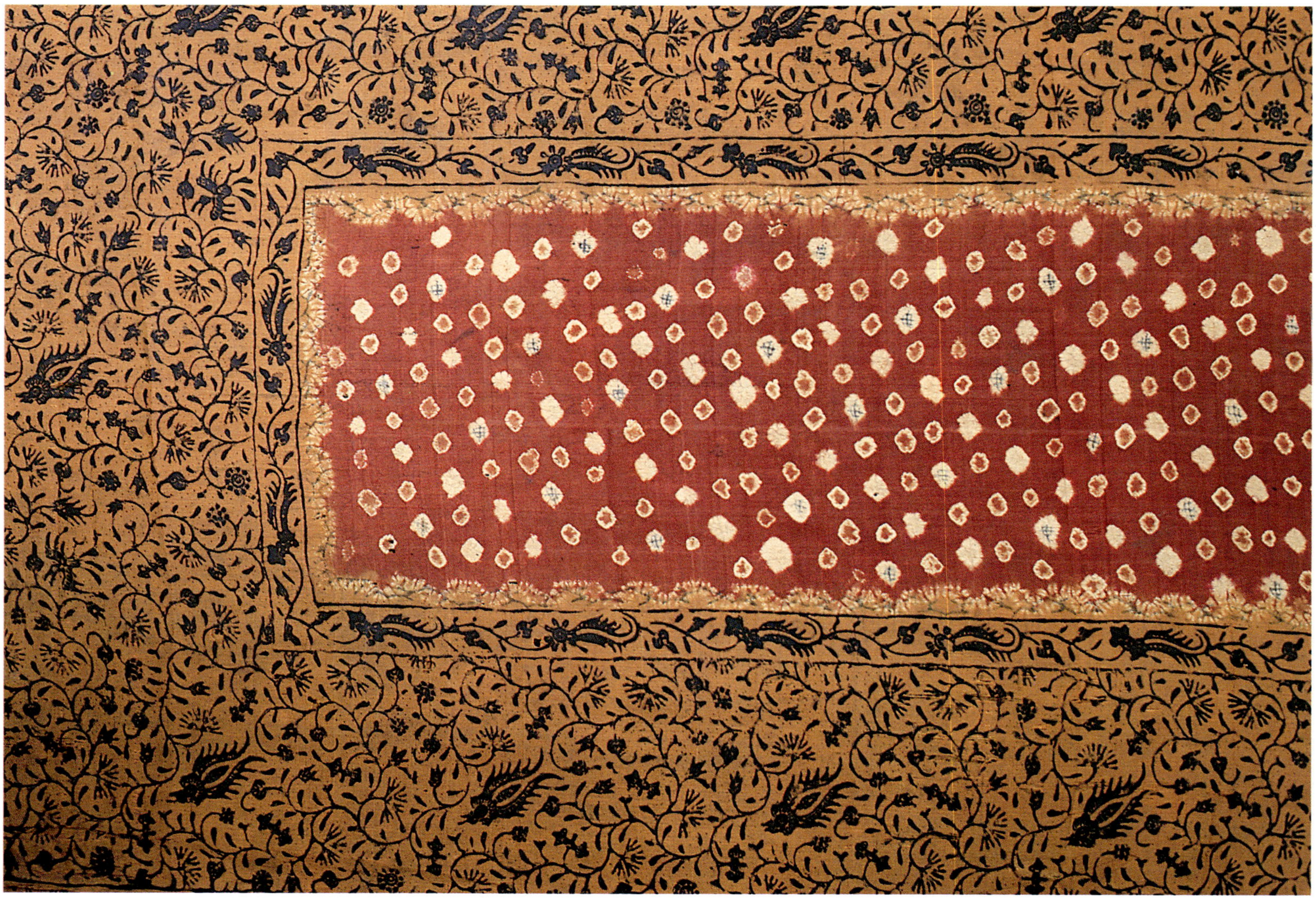

La pénurie de matériaux durant la guerre eut une influence bénéfique sur le batik. Privés de leur approvisionnement, les artisans indonésiens furent amenés à inventer les deux motifs utilisés sur les batik pagi-sore comme en témoigne cette superbe pièce du nord de Java. Chaque motif est porté à une heure différente de la journée.

Ci-dessus : Pendant l'occupation japonaise, le nouveau style Batik Jawa Hokakai, *avec comme motif la fleur de cerisier, fit son apparition.*

Ci-contre : Les batiks de Cirebon (en haut à gauche) sont souvent décorés de thèmes s'inspirant des jardins du souverain. L'illustration en haut à droite est un bon exemple de la finesse des batiks que continuent à produire les artisans de Pekalongan, sur la côte nord de Java. On considérait autrefois que l'arrangement de motifs en "patchwork", comme sur cette pièce (en bas) dessinée à la main à Surakarta, avait des vertus magiques.

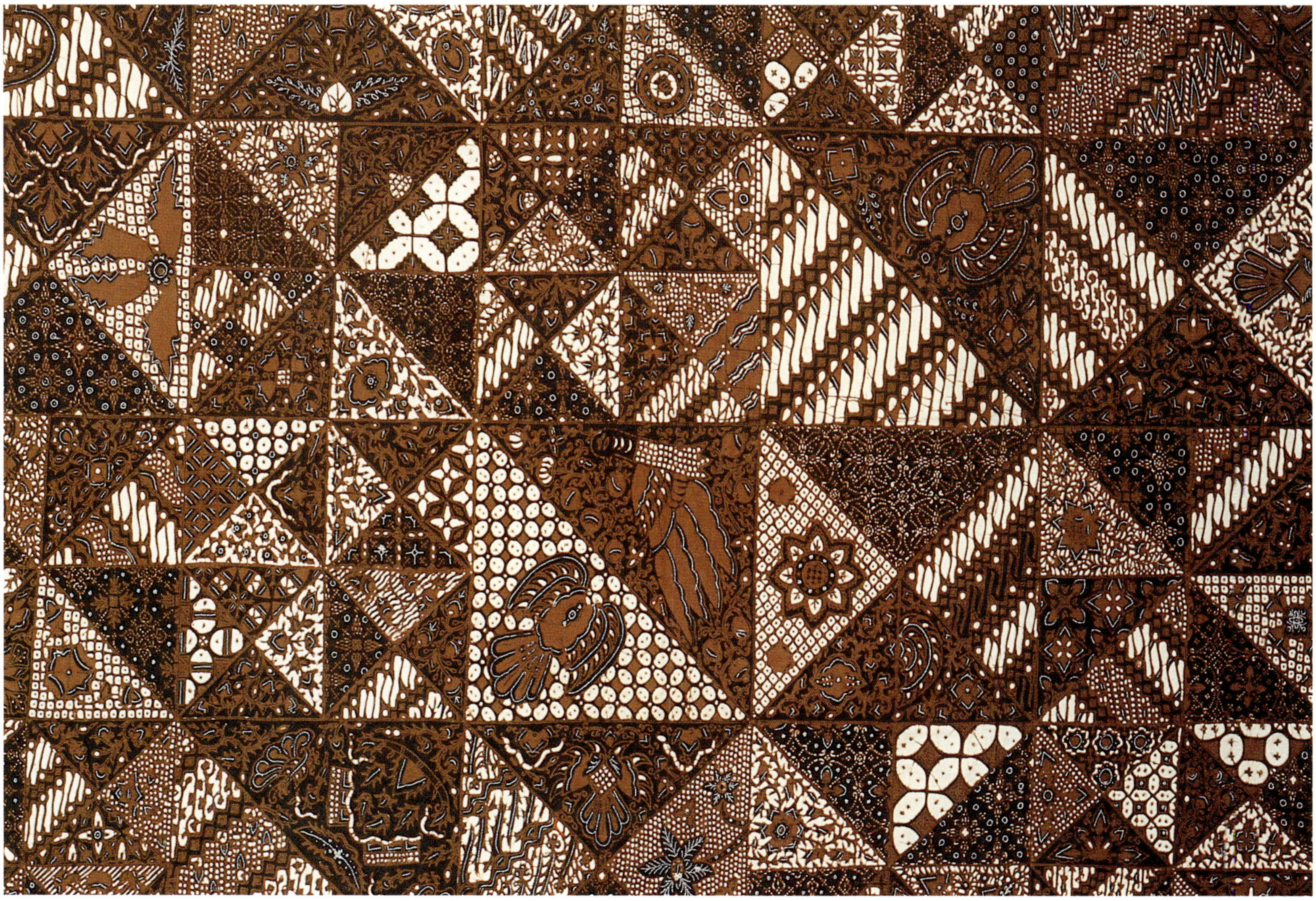

Les textiles de Tana Toraja, au sud des Sulawesi, sont uniques. Grâce au batik et à d'autres techniques, de très jolis motifs ont été conçus. Ci-dessus : Indo'samadena file la première fibre de l'humanité tandis que le coq Pong Londong s'apprête à couper le fil.

Ci-contre : Un conte de la tradition agraire et rurale (en haut à gauche), la consécration d'une maison (en haut à droite) et une scène de la vie rurale, sur une étoffe de Tana Toraja, utilisée pour les rites (en bas).

Les procédés de fabrication des textiles ont bien changé depuis l'introduction des machines et des nouveaux procédés d'impression. Mais la tradition n'est pas morte : les artisans qui peignent les textiles à la main (ci-dessus) et la marchande ambulante qui empile soigneusement ses tissus, tiennent encore une place importante dans la communauté.

L'IKAT

par Yusman Siswanti Batubara

«Le tissage a des origines célestes. La première femme à tisser la toile est la déesse "Henge ne Ledo Ma Feo Futu Bulan", (Le soleil qui enfile, la lune qui tisse). Elle descendit sur terre pour remettre à la divinité des Mers ou " Lui Liuk Ma Kea Saik" (La vache des océans, la tortue des mers) son fuseau et son métier à tisser. Les cieux et l'océan sont capables de "manier le fuseau et d'activer le métier.... pour faire de jolis dessins et de beaux motifs". Mais la terre était privée de son fuseau et de son métier jusqu'à ce qu'une jeune femme de Ndao "Haba Ndao Ma Lida Fola" (La tresse d'or de Ndao,le cordon doré de Fola), aille voir la mer pour recueillir ces intruments» (Fox, 1979:44)

Vivant dans un coin reculé du sud-est de l'Indonésie, les gens de Ndoa expliquent l'existence de leurs instruments, y compris les outils du tisserand, d'une manière très poétique à travers le folklore et la mythologie. Une grande signification sociale et religieuse est conférée au tissage et à ses motifs. Mais si la population de Ndao a réussi à expliquer les origines du tissage, il n'en est pas de même pour les historiens de l'art et les anthropologues, car leurs recherches n'ont pas encore éclairci ce mystère.

Les origines du tissage demeurent inconnues, malgré les informations et reliques accumulées au cours des dix derniers siècles. De très anciennes pièces de tapisserie ont été retrouvées à Java, mais sur le reste de l'archipel, il ne reste que quelques traces éparses d'anciennes activités de tissage. Le deuxième problème tient à la la matière elle-même; les textiles résistent mal à l'épreuve du temps.

L'artisanat du batik est documenté par des écrits vieux de plus de cent ans, mais il est très difficile d'établir des références précises sur le textile. D'après des documents historiques chinois, des émissaires de Sumatra, de Java et de Bali, apportèrent de somptueuses étoffes de coton à la cour d'Orient, entre le 7e et le 15e siècles. Ils mentionnent des «soies aux couleurs vives et des textiles de coton», mais ne donnent aucune indication sur leur fabrication. Le tissage ikat fut probablement introduit en Indonésie quelques siècles avant l'ère Chrétienne, en même temps que la culture Dông Son (du 8e au 2e siècle av. J.-C.), avec l'arrivée du premier métier à courroie inversée. Le nombre important de métiers retrouvés sur l'ensemble du pays, prouve qu'il s'agit d'une tradition bien enracinée, qui a dû précéder les premiers contacts avec l'Inde.

D'après les récits historiques concernant le commerce extérieur, les textiles ont joué le rôle important de valeur d'échange. Les étoffes indiennes *patola*, par exemple, ont grandement influencé le tissage en Indonésie. Le commerce atteignit son apogée entre le 16e et le 17e siècles, lorsque les Portugais et les Hollandais troquaient des épices contre des textiles indiens. Les authentiques patolas étaient des objets très recherchés, et les tisserands indonésiens en imitèrent les motifs sur des étoffes locales.

Avec le temps, les changements affectent tous les domaines. Les valeurs traditionnelles se perdent et disparaissent. Le filage à la main, les teintures végétales et le tissage manuel sont de plus en plus rares. Dans certaines régions, l'on continue à tisser à l'ancienne, mais à peu près partout, le filage mécanique, le fil industriel et les teintures chimiques ont modifié la texture, l'aspect et les motifs des textiles d'aujourd'hui. D'un autre côté, il faut reconnaître que grâce à l'utilisation de métiers mécaniques, il est maintenant possible de produire des textiles ikat beaucoup plus rapidement, et en plus grande largeur. L'introduction des métiers modernes a aussi apporté des changements dans l'ordre social, renversant les rôles dans l'industrie du tissage. C'est ainsi que l'on est passé d'une activité essentiellement féminine à une industrie dominée par les hommes et où les femmes sont reléguées aux tâches insignifiantes et reçoivent des salaires modestes.

Les nouvelles techniques ont surtout touché les secteurs traditionnels. De nombreux ateliers de tissage à la main, incapables de concurrencer les métiers automatisés, sont demeurés longtemps fermés avant de rouvrir leurs portes. Plusieurs ateliers où l'on fabriquait de petites couvertures et de la flanelle grise, se sont reconvertis dans la fabrication de tissus ikat pour répondre à une nouvelle demande. Teroso, prés de la ville de Jepara, au centre de Java, est l'une des zones qui se transforme le plus rapidement, et l'effort de développement qui a été fait peut en grande partie, être attribué au textile grâce à la reproduction en série des tapisseries en lice ikat de Sumba et des tissages en trame ikat de Bali. De plus en plus d'artisans dans les villages se remettent à leurs métiers pour satisfaire la demande sans cesse croissante, en provenance de Bali, de Yogyakarta, de Jakarta et de l'étranger.

Châle tissé à Sumba, l'une des îles de l'Est de Nusa Tengarra, dont le motif est composé d'arbres à têtes, de chevaux sauvages, de coqs et d'autres figurines. Ces étoffes sont très recherchées, et pour satisfaire la demande, une nouvelle filière de l'industrie s'est ouverte en 1970 à Teroso, dans la province centrale de Java.

D'autres centres, à Pekalongan, Gresik, Yogyakarta, Solo, Bali et Lombok utilisent les mêmes techniques traditionnelles du tissage manuel, et ont repris leurs activités dans le cliquetis des aiguilles. Les textiles ikat s'imposent désormais comme une alternative aux tissus batik, pour l'ameublement, la confection et la tenue de soirée.

Je suis fier d'avoir participé à cette évolution. Ma passion pour les textiles traditionnels est née pendant mes études d'anthropologie à Yogyakarta. Au cours de mes études à la recherche de textiles anciens et nouvelles connaissances, je me suis demandé pourquoi le tissage ikat, pourtant si répandu, était moins connu à l'étranger que le batik dont la production se limitait à l'île de Java. Si le batik convenait à la fabrication de toilettes habillées, pourquoi pas l'ikat?

Par ces interrogations et par ma passion profonde pour les textiles, j'ai été amené à ouvrir mon propre atelier de tissage. Avec deux partenaires, j'ai pu réaliser mon rêve en 1975, et nous avons effectué nos premiers pas dans le monde des textiles, sur un chemin semé d'embûches, face à des problèmes techniques historiques et logistiques. Notre aventure nous transporta dans plusieurs pays d'Asie et dans les coins les plus reculés de l'Indonésie. Notre objectif était d'utiliser les méthodes "à l'ancienne" pour créer des motifs nouveaux, inspirés de ceux d'époque.

Pour préserver les textiles traditionnels, il ne suffit pas de copier et de produire en série, car cela risque d'ôter toute valeur à l'original. Notre souhait est de pouvoir initier plus de gens à la beauté des textiles ikat, en les aidant à apprécier les styles et les qualités de ce genre de tissage. C'est dans ces conditions seulement que le textile traditionnel pourra acquérir la place qui lui est due. Cela permettrait de donner à l'évolution actuelle et à la popularité grandissante des textiles ikat, un caractère permanent, et ferait de cette technique une alternative viable dans le choix des techniques de décoration.

Ci-dessus : Par ses couleurs et par ses dessins, ce tissage sur trame ikat ressemble beaucoup à d'anciennes pièces retrouvées en Asie du Sud-Est.

Ci-contre : Comme la technique ikat impose le plus souvent des dessins géométriques, le tissage est généralement relevé par des couleurs chaudes et vivantes obtenues grâce à la superposition de teintures. Le tissage de Kalimantan (en haut à gauche) et celui fait à Roti (en haut à droite) en sont des exemples typiques. Le travail ikat sur trame de Palembang ou de l'île de Bangka au large de Sumatra (en bas à gauche) et le tissage en chaîne pua *de Sumba (en bas à droite) sont des plus beaux au monde.*

Ci-dessus : Les textiles des Torajans des Sulawesi sont caractérisés par des coloris très riches et par des dessins géométriques qui, malgré leur simplicité apparente, donnent aux étoffes un très harmonieux mouvement.

Ci-contre : A Tana Toraja, malgré le développement, le folklore et les traditions sont encore bien vivants. La production artisanale a certes un peu changé, mais on continue à accorder une très grande importance à la fabrication d'objets rituels.

Les artisans sont libres d'expérimenter avec la matière, mais ces ravissants tissages ikat de Yusman Siswanti Batubara et ces textiles modernes de La Boutique Nogo, nous montrent que la règle d'or tient encore à la maîtrise parfaite des éléments.

Ci-dessus : Dans le tissage ikat à Flores, le motif est apposé sur les fils à l'aide de bandages étroitement serrés autour des fils de chaîne, qui empêchent la teinture de pénétrer. L'ouvrage est ensuite teint, avant d'être tissé sur la trame, composant ainsi un motif de couleur naturelle sur un fond teint.

Ci-contre : Les chaînes, une fois traitées, sont étendues et soigneusement séchées. Elles seront soit entreposées avant d'être tissées, soient vendues à des tisserands.

En haut : Avant que les fils teintés puissent être tissés, ils doivent être filés. Cette femme tisserand à l'est de Kalimantan utilise du doyo, *une fibre d'orchidée.*

En bas : Deux femmes tissant les fils teintés ikat sur le métier, dans la ville de Flores qui s'est spécialisée dans l'adaptation aux goûts du jour, des motifs traditionnels.

En haut : A Flores, cette femme tisserand enroule les fils de chaîne teintés ikat pour les faire passer à travers les cordons de lice du métier.

En bas : Selon le tissage sur trame supplémentaire, les fils d'or sont enroulés autour d'une bobine spéciale, avant d'être passés à travers la lice.

Ci-dessus : Utilisant la technique de la double chaîne et de très belles couleurs, les tisserands de la côte de Lampung, au sud de Sumatra, produisaient des "vêtements de bateaux" et des panneaux muraux pour les lieux de cérémonie palepai, *qui étaient utilisés par les personnes de rang élevé.*

Ci-contre : Le tampan, *le plus souvent caractérisé par un motif représentant un bateau ou l'arbre de vie, est à Lampung (sud de Sumatra), un vêtement de cérémonie très important. Ce type de tissage, disparu au début du siècle, refait surface aujourd'hui.*

Ci-dessus : Ce tissage réalisé avec des fils de couleurs supplémentaires, comporte de magnifiques structures géométriques, représentant des figures stylisées de lézards. Ce style s'est maintenu jusqu'à présent sans subir de changements, sauf peut-être en ce qui concerne la qualité des fils utilisés.

Ci-contre : La technique du tissage en double chaîne a été utilisée pour produire récemment à Sumba, un pan de jupe pour satisfaire une clientèle très friande de ce genre de tissage, soit sur le marché touristique, soit dans des boutiques à l'étranger.

Ci-dessus : A Flores, les femmes préfèrent le confort que leur procure le vêtement traditionnel. Le sarong *dont elles sont vêtues est en outre très pratique : il sert non seulement de vêtement, mais il peut être replié sur l'épaule pour constituer une poche en guise de sac.*

Ci-contre : Malgré les changements apportés par la modernisation, les Indonésiens continuent à porter l'habit traditionnel pour les cérémonies.

Pages suivantes : Les techniques traditionnelles sont aujourd'hui utilisées pour produire toute une gamme de vêtements et d'accessoires très à la mode.

LE METAL

L'Indonésie a probablement atteint l'âge de fer pendant le premier millénaire av. J.-C., grâce à l'influence de nouveaux immigrants. On appelle cette époque, celle de la civilisation Dông Son, d'après une région du Vietnam où de nombreux objets de l'âge de fer ont été retrouvés. Cette époque est caractérisée par de grosses timbales en bronze et par le motif en forme de "S". L'art Dông Son, en se répandant sur l'ensemble du Sud-Est Asiatique et en s'assimilant aux cultures locales, a engendré une forme d'artisanat originale et insulaire, et une tradition nouvelle en décoration.

A l'époque, les forgerons formaient une élite à part, avec des pouvoirs mystiques. L'artisanat du métal se diffusa lentement sur tout l'archipel. Tous les objets en métal étaient alors importés, et l'un des plus surprenants est une large timbale servant à communiquer avec les esprits.

Les Indonésiens ont vite appris à fondre le métal pour fabriquer leurs timbales; les anciens moules retrouvés sur le site archéologique de Pejeng à Bali en témoignent. Récemment, on fabriquait encore à Alor, une petite île de Nusa Tengara, des petites timbales qui faisaient partie des cadeaux échangés avant la cérémonie du mariage. De superbes hachettes sont un autre produit de cette époque.

Les petits objets étaient fondus selon la méthode de "la cire perdue". Un moule était façonné avec un mélange de cire d'abeille et de résine. Il était ensuite saupoudré de cendres ou d'argile pulvérisée, couvert d'une couche de pâte, puis séché et mis au four. A mesure que l'argile durcissait, la cire s'écoulait à travers un orifice sur le côté, permettant de couler le bronze fondu dans le moule. Pour le dégager, il fallait briser le moule, puis poncer la surface de l'objet, le nettoyer et le polir. Ainsi, chaque pièce était fondue dans un moule individuel. Pour fabriquer de plus gros objets, la technique variait : une armature de cire était constituée autour de l'objet, puis recouvertre d'argile; une fois durcie, l'amalgame cire-argile était séparé en deux. Puis, le moule était reconstitué et l'on y coulait une substance capable de soutenir des températures élevées, mais pouvant être facilement retirée. Dans certains cas, on avait recours à des moules en pierre pouvant être réutilisés et permettant une production en série d'objets identiques, comme par exemple les timbales de Penjeng.

Graduellement, l'artisanat du métal s'étendit au cuivre, à l'argent, aux pièces de monnaie fondues et au fer blanc, et s'enrichit des diverses techniques de la métallurgie.

Les orfèvres de Yogyakarta fabriquent des coupes de fruits et des services à thé en argent. Ils enveloppent le métal autour d'une masse de cire d'abeille, pour le marteller, le ciseller et y graver en relief, des motifs floraux. Puis, l'article est décollé et nettoyé à l'acide ou "décapé", et trempé dans de l'eau froide avant d'être astiqué. Les motifs sont semblables aux décorations des boiseries de Jepara. Les orfèvres utilisent aussi le procédé d'oxydation qui met en valeur le relief de la gravure.

L'orfèverie en filigranes est une spécialité d'Aceh au nord de Sumatra, et aussi de l'ouest de Sumatra. Elle fut, à tort, baptisé "travail de Kendari" par un Hollandais, du nom dé la ville où il eut l'occasion de voir l'un de ces artisans, qui en fait venait de l'ouest de Sumatra. De très fines lamelles d'or ou d'argent sont découpées et passées à travers une plaque comportant des trous. Les petits bouts de fils sont ensuite enroulés autour d'une tête d'épingle et placés sur une grille. Le motif est posé sur une planche et aplati avec un maillet. Finalement il est recouvert d'une poudre qui, soumise à une chaleur, fera la soudure. Les éléments sont ensuite montés en bijoux ou en bibelots. A Bali, l'on combine les motifs filigranés et d'autres fils de métal avec un petit médaillon formé par un petit granulé qui, fondu, constitue une petite soudure décorative, pour orner des plaques d'or ou d'argent, ciselées selon une forme particulière. De nombreux objets sont fabriqués selon cette méthode du "grainetage". Dans le village de Celuk, un grand nombre d'échoppes se spécialisent dans ce type de joaillerie, comme celui de Wayan Kantor.

WAYAN KANTOR n'est plus capable de faire le travail d'orfèverie; sa vue a faibli après tant d'années passées devant les flammes du fer à souder. Son épouse a pris la relève. Aidée par quelques apprentis, elle réalise de magnifiques articles, à partir de sketches. Elle enduit la pointe d'une baguette avec une colle faite de l'amidon du haricot pour soulever un petit granulé qu'elle dépose délicatement sur le motif de fleurs sur lequel elle travaille. Les contours sont déjà tracés par des fils d'argent. Cette colle est la

Pages précédentes : Les colliers pour hommes fabriqués dans le sud des îles Maluku sont souvent décorés d'un pendentif en forme de masque. C'est un objet de valeur échangé lors des cérémonies nuptiales.

Les bijoux sont souvent considérés comme ayant des vertus protectrices qui transcendent leur fonction en tant qu'ornements. Ce jumat Batak était autrefois utilisé comme un fétiche.

seule qui résiste aux températures élevées. Le haricot est pelé, pulvérisé et mélangé à une solution contenant du borax. Lorsque tous les éléments du motif et les granulés sont en place, la poudre de soudure est introduite au creux d'une plume d'oiseau, pour saupoudrer la surface de l'objet. Une torche imbibée de gasoline chauffe l'objet à une température constante. Enfin, l'oeuvre est remise à l'un des jeunes garçons qui se charge de la nettoyer.

Wayan Kantor et son épouse ont appris ce métier de leurs parents; ils transmettent aujourd'hui leur savoir à leurs apprentis. Ce ne sont pas des artistes, mais des artisans consciencieux qui travaillent avec des techniques presque immuables. C'est grâce à ce degré de permanence que Bali a su sauvegarder sa renommée artisanale.

I WAYAN PAING est passé maître dans sa spécialité. Il est le seul à Bali qui continue à produire comme autrefois des statuettes en argent massif. Il façonne sur commande des figurines à l'image de dieux de la tradition Hindo-Balinaise. Pour trouver son inspiration, I Wayan Paing doit jeûner et méditer, jusqu'à ce qu'il se sente ébloui par la force bénéfique qui le guidera dans sa tâche.

Tour à tour, il chauffe et martelle l'argent, remplit de poix la cavité de la statuette, pour éviter que les parois ne s'affaissent, pendant qu'il travaille sur les détails. L'année dernière, il fabriqua une statuette de la déesse Saraswati en argent massif, de plus d'un kilo. Paing travaille aussi sur l'or, et fabrique les manches décorés et sertis de pierres fines des traditionnelles dagues ou *keris* de Bali.

SALIM WIDARDJO, de Kota Gede à Java, apprit les techniques de la joaillerie par sa mère orfèvre. Elle lui apprit les grandes règles du métier, mais c'est ailleurs qu'il exerça son talent. Lassé du répertoire de la joaillerie de Yogyakarta où l'on ne faisait que reproduire des modèles anciens, Salim demanda conseil à un grand artiste indonésien, Affandi, qui devait le guider. Fort de ce soutien, il se mit à peindre et à créer de nouveaux modèles.

Il se lança dans les années 1960 dans des expériences de sculpture sur de l'argent. Sa première oeuvre fut un jeu d'instruments de musique gamelan en miniature, d'un coût de production tel qu'il était impossible à vendre. Convaincu qu'il fallait l'encourager dans cette voie, Affandi le présenta au propriétaire d'une galerie d'art de Jakarta qui lui suggéra de penser "plus petit". Sur ce conseil, Salim fabriqua une miniature d'un taxi-tricyle typique de l'Asie (*becak* en indonésien), qui eut un grand succès. La série devait être complétée par des petits bibelots représentant différents modes de transport. Mais comme Salim n'avait aucune protection pour ses droits d'auteurs, d'autres orfèvres s'empressèrent de copier ses modèles, et sa part du marché fut réduite. Pendant des années, pour nourrir sa famille et ses employés, il dut continuer à mettre son imagination à l'épreuve pour renouveller ses thèmes.

Salim Widardjo fait des merveilles d'une grande finesse. Il fabrique des animaux dans des petites boules de fourrure, des bijoux et des reproductions, à partir de gravures d'époque, d'anciens objets appartenant à la famille royale. Salim est plus qu'un maître artisan : c'est un grand artiste.

Ci-dessus : Cette boucle d'oreille est un bijou de famille chargé d'histoire et de tradition. On en fabrique aujourd'hui des copies pour les collectionneurs.

Ci-contre : Les pierres semi-précieuses montées en bagues sont très appréciées en Indonésie. Ces jolis bagues et pendentifs ont été dessinés et faits à Bali.

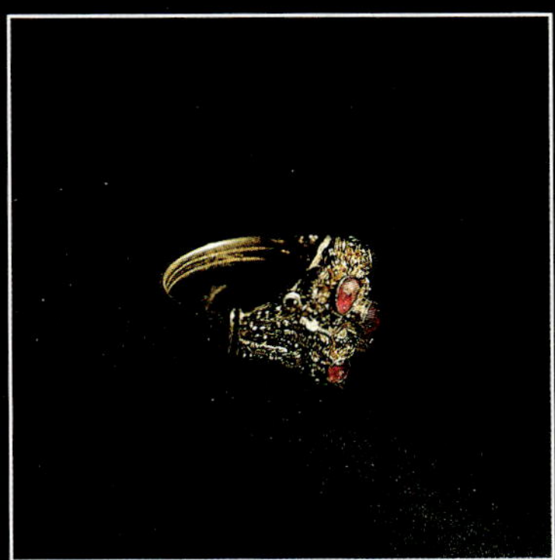

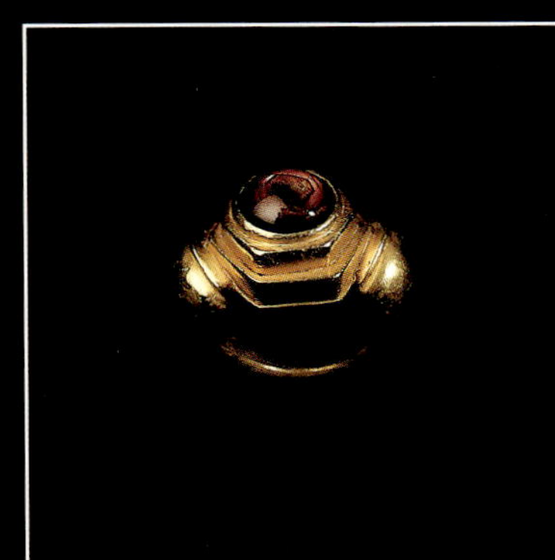

Ci-dessus : Un orfèvre façonnant une statuette d'argent autour d'un moule de poix.

Ci-contre : I Wayan Paing prit trois mois pour faire cette statuette de Saraswati.

En haut : Les manches de couteaux sont gravés à Kota Gede dans la province centrale de Java. La prochaine étape consiste à noircir les parties renfoncées du motif par un procédé d'oxydation du métal pour mettre en valeur le travail de gravure.

En bas : Avant l'oxydation, les extrémités sont polies et poncées avec du sable.

Ci-contre : Lorsque les pièces d'orfèvrerie sont terminées, elles sont nettoyées dans une solution savonneuse, puis astiquées jusqu'à ce qu'elles reluisent.

Ci-dessus : Une jeune mariée du 19e siècle parée de bijoux et d'accessoires de coiffure. D'après les boucles d'oreilles qu'elle porte, il semblerait qu'elle soit originaire de l'île de Lembata, à l'est de Flores.

Ci-contre : Les mariées Gayo d'Aceh portent un double chignon, orné d'une longue chaîne autour de la coiffure, dont le pendentif descend sur le cou.

Ce casque en or de "conquistador portugais" du 16ᵉ siècle, vestige de l'époque coloniale à Flores et à Maluku, fait partie du trésor du Raja de Sikka à Flores. Le collier est une copie en or, des colliers de coquillages traditionnels de l'époque.

Pour les Karo Bataks, chaque bijou a une signification particulière. Avant que l'ouvrage ne soit entamé, une offrande est faite aux dieux, et le sang sacrifié est répandu sur les outils du joaillier, s'assurant ainsi de leur coopération.

Ci-dessus : De petites boules et des fils en argent, soudés ensemble sur une plaque d'argent dorée, sont utilisés pour décorer ce peigne de mariée fabriqué à Lampung.

Ci-contre : A Aceh, les ingrédients sirih *sont transportés dans des fichus de soie, ornés aux quatre extrémités de lourdes boules d'argent que l'on appelle* boh ru.

Ci-dessus : Ce bracelet (en haut à gauche) constitué de deux tubes qui s'emboîtent, est traditionnellement porté par les jeunes mariés de la noblesse de Karo Batak au nord de Sumatra. Des fils et des boules sont soudés pour constituer le montant de cette bague (en haut à droite), dans le nord de Sumatra. Le motif est appelé «pied d'éléphant». Ce bracelet porte-bonheur (en bas à gauche), confectionné à Atoni à l'ouest de Timor, est, comme le peigne en argent de Lampung (en bas à droite), chargé de motifs anciens et de dessins d'une signification particulière.

Ci-contre : Pour fabriquer des articles de joaillerie, comme ce bracelet d'homme fait au Timor, l'argent est fondu puis versé dans des moules creux en argile.

Ci-dessus : On retrouve très souvent ce motif en croissant de lune sur les articles de joaillerie confectionnés dans les îles Est de Nusa Tenggara. Ce bijou peut être porté sur une chaîne en pendentif autour du cou, ou avec un serre-tête comme un diadème.

Ci-contre : Ces boucles d'oreilles mamuli *fabriquées à l'est de Sumba, sont un des meilleurs exemples de la finesse de l'orfèverie dans les îles Est de Nusa Tenggara.*

Ci-dessus : Les carafes sont le plus souvent faites en terre cuite, mais celles qui sont utilisées pour les cérémonies sont parfois en métal. Les kendis *en métal sont coulés dans des demi-moules, avec des motifs, et les deux moitiés sont ensuite rassemblées par une soudure discrète rendue invisible par le polissage.*

Ci-contre : On faisait autrefois des carafes en fonte pour les personnages importants de la cour, pour contenir leur boisson favorite ou l'eau rituelle. Sa majesté ne se déplaçait jamais sans son kendi royal, son crachoir et son coffret à bétel.

La fonte était autrefois une matière rare et chère, considérée comme magique. Elle était donc exclusivement utilisée pour la fabrication d'objets de valeur dont les dagues ou *keris* portés par les gentilshommes javanais.

La confection du keris était autrefois pour le forgeron l'aboutissement de toute une vie de travail, car il n'était pas à la portée de tous de contrôler le métal, et une grande force d'esprit était nécessaire. Les lames des plus beaux keris étaient faites d'un mélange de minerais de fer, comprenant du sidérolithe et plusieurs autres alliages.

Le sidérolithe semble avoir été le premier minerai de fer utilisé à Java; c'est sans doute pour cette raison que l'on attribue aux lames qui en sont faites, des vertus mystiques. Le procédé de l'alliage laissait un grain particulier et une empreinte décorative sur la lame. A partir de cette technique du "damasquinage", s'est développé un style particulier où l'impression de ces motifs *pamor* est contrôlée. Les forgerons javanais, les *empus*, ont ainsi créé des impressions différentes pour les keris, et chacune porte un nom comme «sable de mer», «grains de riz éparpillés», etc... Certaines de ces lames sont incrustées d'une lamelle d'or en forme de serpent naga et serties près du manche d'un diamant encastré dans la bouche de l'animal.

Les métaux sont pliés et tordus, puis martellés pour former une lame avec une garde et une soie qui peut être insérée dans la poignée. Par cette méthode, l'on obtient la base du motif. Puis la lame est plongée dans une solution abrasive pendant plusieurs jours, pour faire ressortir l'impression. Le bain noircit certaines parties du métal, tandis que les nettoyages consécutifs au jus de citron accentuent les nuances de couleur. D'après les historiens, ce procédé remonte au 14e siècle; la lame et le manche des dagues keris étaient à cette époque faits d'une seule pièce.

La poignée de garde était taillée dans le bois, l'ivoire ou l'os, ou coulée dans l'or ou l'argent, et incrustée de pierres fines. Nombreuses des poignées étaient ornées de figurines d'animaux ou de divinités, taillées en défiance de l'interdit islamique, de façon symbolique mais grossière. Tandis que le forgeron le plus habile taillait les lames, c'est l'orfèvre comme I Wayan Paing, ou le sculpteur sur bois, qui confectionnait et décorait les manches de keris.

Plusieurs artisans indonésiens continuent aujourd'hui encore à façonner les armes traditionnelles, dagues keris et épées. Certains forgerons sont même capables, dit-on, sur une demande expresse, de produire le keri ou l'épée imprégnée de puissance magique.

Ci-contre : Les manches des armes et des outils sont faits dans un métal précieux parce qu'ils ont une signification spéciale.

A droite : Une sélection d'armes utilisées en Indonésie au 19e siècle. On y voit des keris javanais à lames sinueuses, des lances et les poignards meurtriers utilisés par les chasseurs sur la plupart des îles de l'archipel.

Ci-dessus : Les lances faisaient autrefois partie de l'attirail des courtisans. La lame, fondue en damasquinage, comportait des motifs et était sertie de lamelles d'or. Sa forme ronde se prête à un dessin du ventru Semar, personnage sacré du théâtre wayang.

Ci-contre : Le keris fait encore partie du costume traditionnel à Bali. En tant que symbole de statut social, le manche est taillé dans un métal précieux et serti de pierres.

AUTRES FORMES D'ARTISANAT

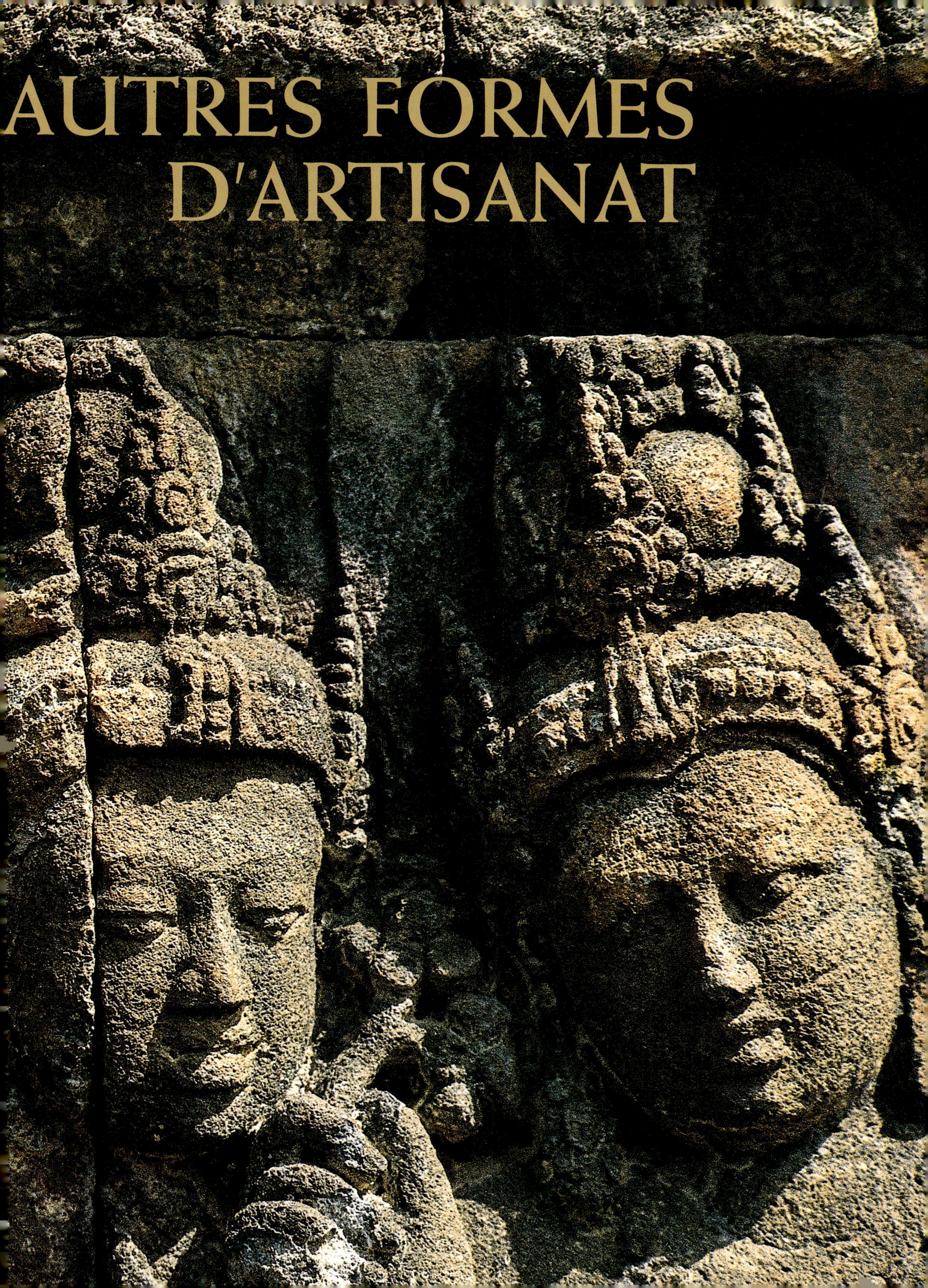

La pierre servit aux premiers messages de l'homme. Grâce à des pierres pulvérisées et à des coquillages, il a gravé sur la roche, sur les parois et les voûtes des cavernes, ses formules magiques et dessiné des croquis colorés. Ses premières missives s'adressaient au ciel afin d'obtenir une chasse fructueuse, une protection contre tous les maux de la terre, ou simplement pour exprimer sa révérence. L'indestructibilité de la pierre fut mise à profit pour la fabrication des premiers outils qui aidèrent l'homme à tailler le quartz, l'ardoise, le calcaire, l'os et les coquillages, pour faire des armes, des flèches, des lances, des haches et des lames de couteaux, et des accessoires de parure.

A la fin de l'ère néolithique, la pierre était déjà utilisée pour le culte. Avec les outils de l'âge de fer, l'homme érigea les lourds pilliers de ses premiers sanctuaires, tailla des tombeaux, des sarcophages et des urnes. Des stèles mortuaires étaient élevées sur la tombe de ses ancêtres, et d'amples structures en terrasse étaient édifiées sur les lieux sacrés. Influencé par le Bouddhisme et l'Hindouisme, le travail de la pierre, au départ très rudimentaire, évolua graduellement vers la création de larges bas-reliefs d'une décoration extrêmement complexe. Aux formes angulaires de l'art insulaire succédèrent les lignes généreuses des divinités Hindoues et des gargouilles. Les pyramides en terrasses firent place aux splendides et gigantesques sanctuaires de Borobodur et de Prambanan. Mais la pénétration de l'Islam au 15e siècle mit un terme à la construction de temples et d'édifices, et limita la sculpture à des motifs de fleurs, excepté à Mantingan, dans la province centrale de Java, où les formes animales continuaient à se confondre sur les parois des mosquées construites au 16e siècle, sur un fond de feuilles et de vrilles.

L'Hindouisme se retrancha à Bali où, assimilé à la religion insulaire, il engendra une forme d'art très originale, où la tradition artistique et baroque de l'Hindouisme se développa pleinement. Les palais, les bains et les temples étaient décorés de superbes bas-reliefs en pierrre sculptée.

La ferveur religieuse des Balinais d'une part, et les caractéristiques de la pierre de grès d'autre part, ont favorisé le développement de la sculpture de la pierre, l'une des plus anciennes formes d'art, et lui ont permis de subsister dans cette région reculée du monde indonésien.

Ci-dessus : Les sculptures complexes d'anciens temples javanais étaient recouvertes de plâtre et peintes de façon très réaliste, pour préserver la pierre et donner plus d'impact à la gravure.

Pages précédentes : Le monument de Borobodur à Java est unique. Le second des plus grands monuments historiques d'Asie du Sud-Est, sa restauration sous l'égide de l'UNESCO fut achevée en 1988.

En raison de la friabilité de la pierre de grès, les sculptures de Bali ont dûes être constamment renouvellées, ce qui leur a permis de garder un aspect "contemporain".

Ci-dessus : La décoration des temples est, pour le sculpteur, un moyen privilégié de faire la preuve de son talent. Le temple étant à Bali exposé au regard de tous, comme un objet de fierté, seules les véritables oeuvres d'art sont admises à y figurer.

Ci-contre : Le sculpteur fait preuve dans son travail d'une concentration totale.

Le traitement des peaux en Indonésie date tout juste du début du siècle. Jusque là, les Indonésiens utilisaient le cuir brut et rèche pour fabriquer des armures, des boucliers gravés et peints, et des vestes de protection dans les Sulawesi, à Flores et à Nias. A Java cependant, on utilise la peau de buffle depuis longtemps pour fabriquer les marionettes du théâtre en jeux d'ombres.

Le théâtre de marionettes se rapporte au culte des morts. Les ombres sont censés représenter la moitié invisible de l'univers, et dans ce but, les représentations ont toujours à la nuit tombée. A travers le folklore local, une véritable leçon de morale et de philosophie est dispensée. L'engouement du peuple indonésien pour le théâtre de marionettes fut utilisé à la fin des années 40 pour diffuser le concept d'indépendance, et aujourd'hui encore pour expliquer certains programmes, tel le planning familial.

Le meilleur cuir provient de jeunes buffles atteints de dartre. La peau est tendue sur un cadre, séchée, nettoyée, puis trempée dans une solution calcaire pour dissoudre les résidus de graisse, avant d'être brossée et lustrée. On obtient ainsi une peau d'un beige-crème transparent.

Le contour de la marionette est tracé sur la peau, parfois à l'aide d'un patron, et le cuir est découpé avec une lame tranchante et un maillet. Puis la marionette est enduite d'une couche de peinture blanche, qui constitue le fond sur lequel les traits et les détails sont appliqués. La dorure est la dernière étape. Les traits, le détail des vêtements et les couleurs ont tous une signification spéciale.

Ensuite, la marionette est aplatie entre deux planches, et munie des baguettes d'animation. La première baguette, placée au centre, aide le marionettiste à tenir la figurine. Deux autres baguettes plus fines, fixées aux mains de la marionette, permettent de faire bouger les bras articulés.

L'artisan suit des règles précises, et bien que l'on puisse qualifier chacune de ses créations "d'oeuvre d'art unique", rien n'est laissé à sa fantaisie. Chaque personnage a ses caractéristiques, ses couleurs, et il y a même des règles précises concernant l'heure à laquelle il faut l'animer ou le fabriquer. Il se prépare par le jeûne et par la prière, car seul l'homme qui a atteint ce degré de sérénité est capable de "donner vie" à ces figurines qui ne seraient autrement que de vulgaires souvenirs pour touristes.

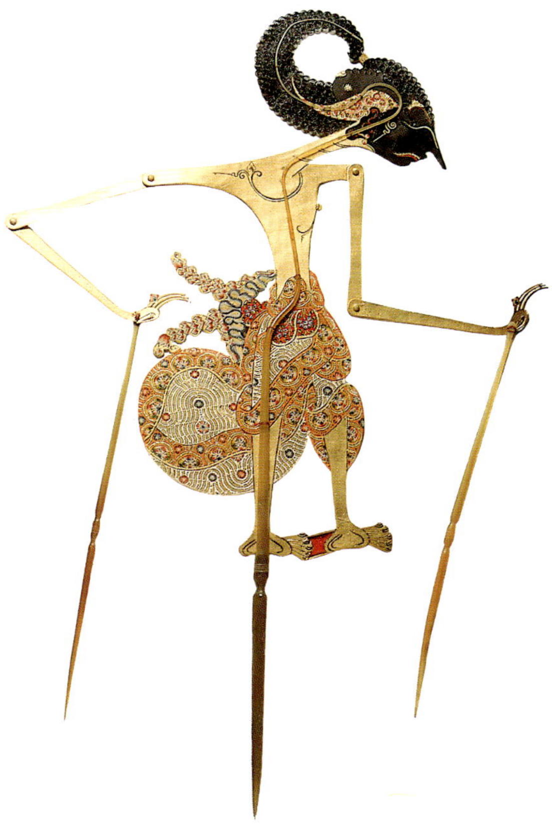

C'est avec beaucoup de talent et une grande habileté que les artisans javanais travaillent la peau de buffle, pour faire ces délicates figurines de théâtre.

En haut : Bagong, Gareng et Petruk (de gauche à droite) écoutent attentivement les conseils avisés de leur père, Semar; ces conseils sont en fait destinés au public.

En bas : La forme triangulaire du gunungan *symbolise le début et la fin. Elle représente la montagne sacrée et l'arbre de vie, et contient tous les éléments de la vie.*

Ci-dessus : Cet artisan taille la peau de buffle sur les contours déjà tracés de la marionnette, à l'aide d'un petit couteau tranchant et d'un maillet de bois. Ses outils comprennent 15 à 20 lames différentes, dont chacune sert à une portion de la découpe.

Ci-contre : On croyait autrefois que les marionnettes s'animaient de vie d'elles-mêmes, avant la représentation, dès qu'on les sortait de leur placard. Aujourd'hui elles sont produites en série, mais toujours à la main.

Ci-dessus : Les marionettes à deux dimensions ou wayang kulit *sont parfois découpées dans le carton, pour amuser les enfants.*

Ci-contre : Les portions de cuir exposées sont recouvertes d'une poudre d'or ou d'une couche de peinture dorée. Pour mettre en valeur l'éclat de cette nuance, on peint en jaune certaines parties. Le visage est peint en or, bleu, rouge, blanc ou noir, selon le caractère du personnage et les passions qui l'animent, au cours d'une scène donnée.

L'os, le bois de cerf, la corne, le bec de calao, l'ivoire, les coquillages, l'écorce de coco, les écailles de tortue et la nacre sont utilisés par les artisans indonésiens depuis la préhistoire pour fabriquer des outils et des accessoires.

A l'époque préhistorique, l'os, le bois de cerf et les coquillages, résidus de l'alimentation humaine, pouvaient être utilisés comme armes, mais leur forme se prêtait mal à la décoration. A Bornéo, les bois de cerf et de marcassin servaient à fabriquer des manches de poignards. En Irian Jaya, les coquillages étaient employés comme bijoux, et à Jakarta ils sont la base d'une nouvelle forme d'artisanat. A Kalimantan, on taille dans l'os comme autrefois, des poignées d'épées *mandau*, et à Bogor, à l'ouest de Java, on en fait des figurines chinoises. A Cirebon, les éclats d'os et l'ivoire sont utilisés pour faire de la marqueterie et des incrustations. A Bataklands, au nord de Sumatra, l'os sert à fabriquer des amulettes gravées qui sont censées protéger le porteur contre tout mal. Au Timor enfin, on sculptait autrefois sur le fémur des gros animaux, des motifs chargés de formes sinueuses représentant des lézards, mis en relief sur un fond de cire d'abeille noircie.

La corne était employée comme récipient pour la poudre à fusil, le tabac et les remèdes. La corne de rhinocéros est une matière difficile à travailler, et elle n'a d'intérêt que son éclat et sa forme. C'est en outre une matière plutôt rare. L'histoire rapporte qu'un jeu d'épées, dont les poignéees étaient taillées dans la corne de rhinocéros, fut offert à l'empereur de Chine en 992. Plus courante, la corne de buffle aurait pour les Indonésiens des vertus protectrices. On en fait des poignées, des manches, des fourreaux et des gaines, et on la transforme en récipients pharmaceutiques, en peignes et en épingles à cheveux. Dans les maisons de Toraja, les pilliers soutenant la toiture étaient autrefois formés par des cornes empilées. Dans la plupart des régions d'Indonésie, les guérisseurs portaient sur le front des cornes de buffle. Les femmes nobles et les guerriers de Nusa Tengarra portaient un diadème en forme de corne. A Nias, seuls les héros pouvaient porter des colliers de cornes enfilées sur un cordon. Des cuillères et des peignes, délicatement sculptés, étaient fabriqués à Sumba et au Timor. Il y a quelques années, dans la province centrale de Java, on distinguait encore les princesses de sang noble au peigne en corne, taillé en demi-lune, qu'elles portaient dans la chevelure.

Le bec de calao a aussi été largement utilisé à Sumatra et à Kalimantan pour confectionner des manches de poignards, et des boucles d'oreilles portées par les chefs Dayak, admirablement ciselées dans le bec rouge-orangé.

Vers la fin du premier millénaire, des délégations chinoises en visite en Indonésie rapportèrent avoir vu : «un trône et des fauteuils sculptés dans l'ivoire». A Sumatra et à Java, d'où les éléphants sont originaires, l'ivoire était très apprécié et servait à faire des manches de keris. Mais, même dans les îles au sud-est de l'archipel, l'ivoire était un symbole de richesse et de statut social. Il était très recherché et faisait toujours partie du trousseau des jeunes mariées. Aujourd'hui encore, à Flores, la dot des jeunes filles doit contenir une défense naturelle d'éléphant, et les hommes d'un certain rang portent avec leur costume traditionnel, de lourds bracelets d'ivoire brut. A Sumba, les femmes portent d'épais bracelets en ivoire, gravés de lignes sinueuses. A Tanimbar, l'ivoire est utilisé pour faire de la marqueterie et en incrustation dans des peignes. A l'est de l'archipel, on utilisait parfois des défenses de sangliers alors qu'à l'ouest, c'étaient les défenses de dugong qui remplaçaient l'ivoire des défenses d'éléphants.

L'ivoire est très recherchée dans les îles Est de Nusa Tenggara. Les anneaux d'ivoire (ci-dessus) sont des objets de grande valeur, conservés comme des bijoux de famille et transmis de génération en génération.

Un artisan balinais gravant des scènes légendaires sur une défense d'éléphant.

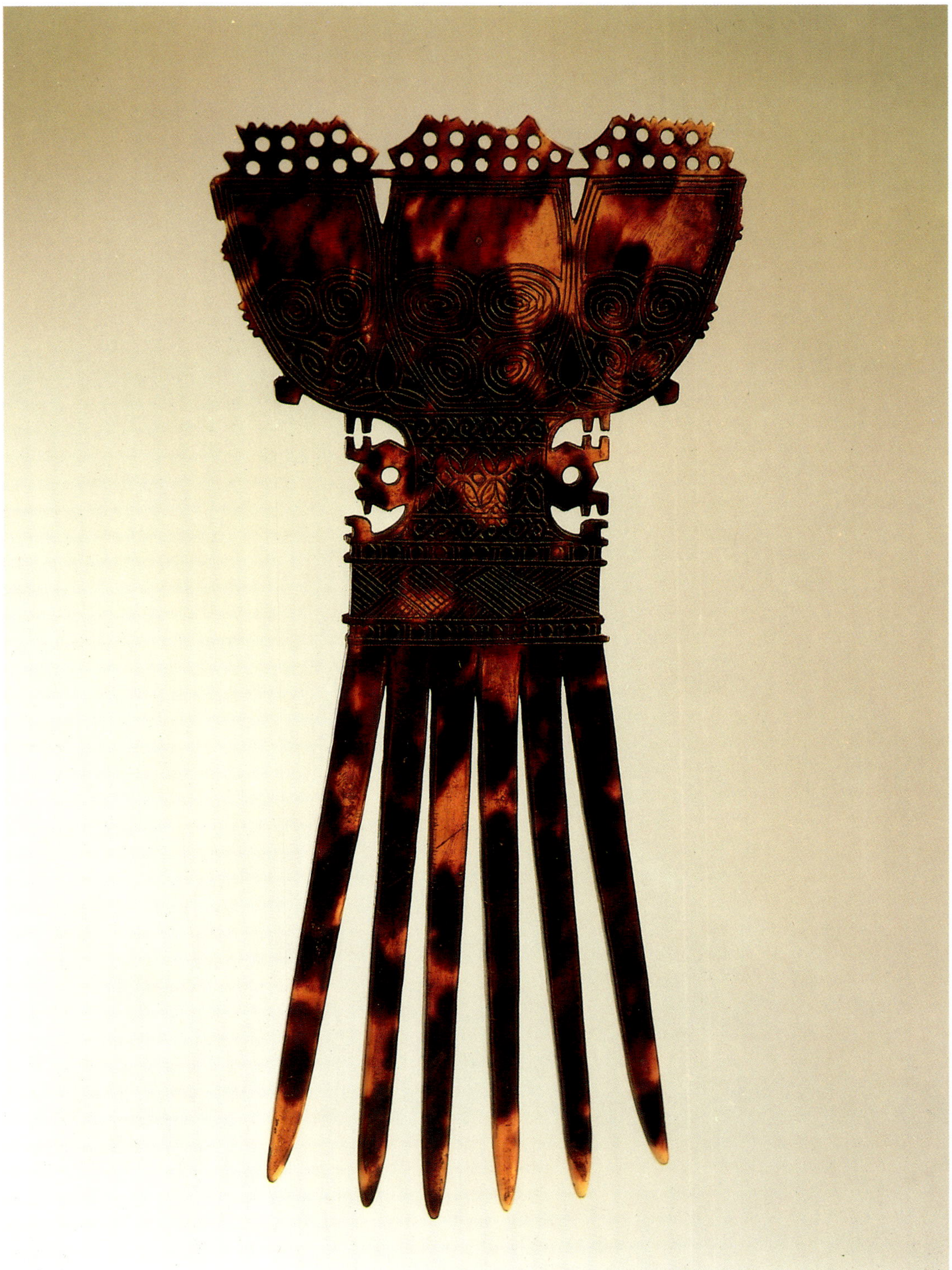

Ci-dessus : L'écaille de tortue est très appréciée par les artisans de l'Est de Nusa Tenggara.

Ci-contre : Des articles fabriqués à partir de matières locales. De haut en bas à partir de la gauche : manche de couteau en bois de cerf, boîte en dent de crocodile, bracelet en coquillage, plaque de puberté en noix de coco, boucle d'oreille Dayak en bec de calao, boîte en ivoire, bracelet en corail, cuillère en os de buffle et boîte en os d'éléphant.

Pages suivantes : Ces cornes de buffle taillées étaient autrefois portées par les prêtres datu *des communautés Batak de Sumatra. Elles contenaient les potions magiques.*

A Kalimantan, les mères portent leur nouveau-né sur le dos, dans des hottes joliment décorées, comme celle que l'on voit ci-dessus. Ces hottes sont taillées dans le bois avec des incrustations de nacre, ou, comme celle-ci, faites en vannerie colorée et ornée de dents d'animaux. Mais dans les deux cas, les motifs de décoration sont censés éloigner les mauvais esprits.

Ci-dessus : Ce coffret qui vient de Lombok, est constitué de feuilles de palmiers entrelacées, tissées et teintes, sur lesquelles de petits coquillages blancs ont été cousus.

Ci-contre : L'utilisation de pierres polies et de perles est caractéristique de la culture indonésienne depuis l'âge de pierre. Les relations de commerce avec l'Inde, la Chine, le Moyen-Orient et l'Europe apportèrent des matériaux plus fantaisistes. Enfilées ou tressées, les pierres colorées forment de très nombreux bijoux fantaisie. A l'exception du ceinturon et du sac sirih, *tous ces articles ont été confectionnés récemment.*

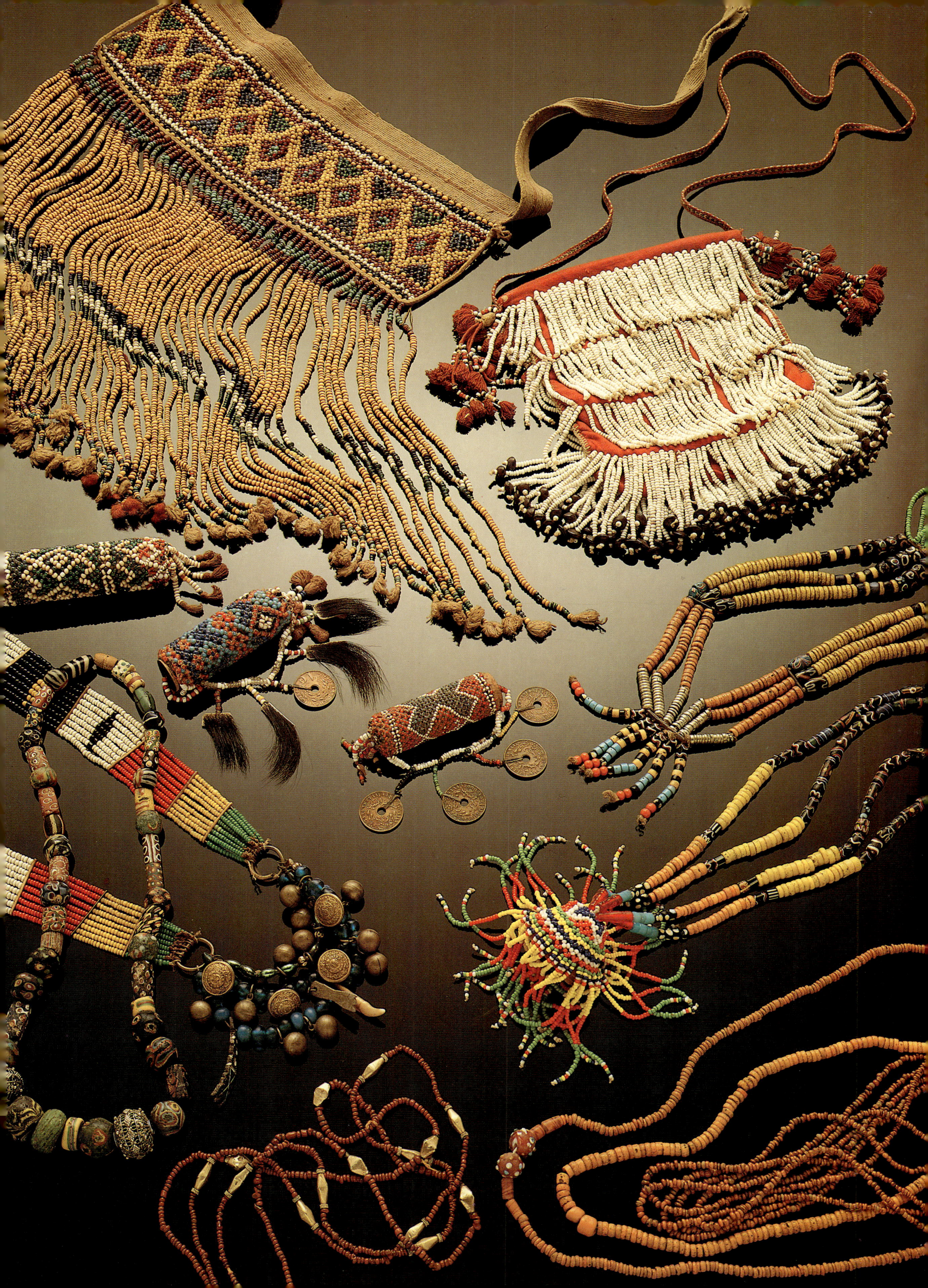

Ci-dessus : Les chapeaux Dayak sont constitués d'une carcasse de bambou sur laquelle de robustes feuilles de palmier sont fixées. Ils sont décorés avec un motif central constitué de petites perles de couleur et de dessins différents.

Ci-contre : Le coton indigo satiné, introduit en Indonésie il y a plusieurs siècles par les premiers marchands d'étoffes, est particulièrement apprécié en confection, et dans la région de Kalimantan notamment, il est brodé et garni de motifs en perles de couleur.

Ces dernières années, l'Indonésie s'est lancée dans la production d'articles en fer forgé, qui sont très appréciés. On fabrique maintenant des grilles, des portails, des meubles de jardin et des réverbères qui ressemblent tout à fait aux postes d'éclairage en fonte de l'époque coloniale.

L'utilisation du verre teinté, introduite par l'architecture coloniale, a fait naître un artisanat local de la verrerie qui produit de très nombreux vitraux. Le vitrail ci-dessus représente un orchestre de musique traditionnelle gamelan *de Yogyakarta.*

Une nouvelle tendance dans la province centrale de Java, la peinture sur verre s'inspire des scènes de théâtre de marionettes en jeux d'ombres et des épisodes de la vie courante, comme cette cérémonie de mariage à Yogyakarta.

ANNEXES

CARTE DE L'ARTISANAT INDONESIEN

Océan Pacifique
MALUKU
(ILES MOLUQUES)
IRIAN JAYA
(NOUVELLE-GUINEE
OCCIDENTALE)
SULAWESI
(CELEBES)
SUMBAWA
FLORES
SA TENGGARA ORIENTAL
TITES ILES DE LA SONDE
TIMOR

adu zatua figurines de bois placées dans les maisons pour recueillir l'esprit des défunts, à l'île Nias.

aso motif Dayak d'un esprit sous la forme d'un chien. Aux non-initiés, ce dessin ressemble plutôt à une étoile de mer ou à une crevette. Kalimantan.

batik décoration de tissus avec de la cire liquide et de la teinture.

batik Jawa Hokakai style de batik qui s'est développé durant l'occupation japonaise, avec des motifs chargés.

becak tricycle utilisé comme moyen de transport.

bentawas bois très léger utilisé à Bali pour des sculptures qui sont destinées à être vendues sur le marché touristique.

bis en Irian Jaya, des poteaux sculptés avec des banderoles au sommet.

canting (se prononce "chanting") stylo rempli de cire, utilisé pour tracer les motifs batik sur le tissu.

cap (se prononce "chap") bloc de cuivre gravé pour imprimer plusieurs motifs de batik sur le tissu.

ceplok catégorie de batik où les motifs sont insérés dans les cases d'une grille.

cili le motif de la Déesse de la récolte, utilisé à Bali pour décorer les offrandes ou les étoffes au moment de la récolte.

doyo espèce d'orchidée dont on obtient une fibre à tisser. Kalimantan.

empu le forgeron qui fond les lames de keris.

garuda oiseau mythique, qui représente le Mont Vishnou. Motif fréquent en batik et dans les sculptures hindoues.

gebang/ gewang palmier *Corypha utan*, dont les feuilles sont très robustes et fibreuses. Ces feuilles servent dans les îles de la Sonde, à la teinture et au tissage ikat.

hampatong expression se référant au statuaire funéraire Dayak. Kalimantan.

ikat veut dire "bander". Méthode de tissage où l'on masque à certains endroits les fils de la chaîne pour obtenir un motif différencié à la teinture.

isen-isen petits motifs utilisés pour remplir un dessin plus large, par exemple, les stries d'une feuille ou des écailles de poisson.

janur jeunes feuilles de cocotier utilisées à Bali et à Java pour le tressage.

kawung motif de lignes qui se croisent et se touchent.

kendi carafe utilisé pour contenir une boisson, ou dans le cadre des rites.

keris dague traditionnelle à lame droite ou ciselée avec des vertus spirituelles et mystiques.

lamak natte tressée ressemblant à une langue.

lereng style de batik, avec des motifs en bandes diagonales.

lontar *Borassus flabellifer*, palmier d'Asie dont on utilise les feuilles pour faire de la vannerie, des ornements et des offrandes.

mandau lourde épée Dayak. Kalimantan

nitik motif de batik constitué par des lignes interrompues qui ressemblent à la trame d'une étoffe tissée.

pagi-sore "matin-soir". Pans de batik dont chaque extrémité est décorée avec un motif différent.

palepai pans d'étoffe très longs et étroits décorés de motifs de bateaux, à Lampung au sud de Sumatra.

pamor feuilles d'agave utilisées dans le tissage.

pandanus feuilles d'agave utilisées pour le tressage.

parang rusak motif de keris, imprimé en diagonale sur le tissu. *Parang rusak barong* en est le plus gros motif.

pasisir "qui vient de la côte". (employé pour parler de l'origine des batiks).

patola étoffe à double tissage ikat, importé des Indes avant le 16e siècle.

penjor longs bambous ornés de guirlandes en feuilles de palmiers, plantés à Bali sur le bord des routes.

peranakan descendants d'immigrants arabes, chinois et indiens installés en Indonésie il y a plusieurs générations.

rambutan fruit à l'écorce rouge et velue, et dont la chair est blanche et pulpeuse.

sampian pendant en feuilles de palmiers tressées, qui orne les *penjors* balinais.

sawat motif de batik javanais, sur le thème de l'aigle.

semen style de batik dont le motif est formé de vrilles en serpentins et d'autres formes naturelles.

sirih petite poche en feuille de bétel remplie de noix d'arec, de chaux, de tabac, de clous de girofle et de gambier.

soga teinture marron foncée, obtenue grâce à une plante locale.

songket tissage à double trame pour l'ikat, qui peut être aussi appliqué aux tissages à double chaîne.

tameng nom malais pour "bouclier".

tampan paniers ronds et étoffes de Lampung décorés du motif de l'arbre de vie ou d'un bateau.

wayang golek marionette de bois à trois dimensions.

wayang kulit marionette de cuir à deux dimensions pour le théâtre en jeux d'ombres.

wow-ipits sculpteur sur bois d'Irian Jaya, spécialisé dans la décoration de totems.

Adhyatman, Sumarah, *Kendi, Himpunan Keramik Indonesia*, (Jakarta, 1987)
Barbier, Jean Paul, *Art of Archaic Indonesia*, Musée des Beaux Arts de Dallas, (Dallas, 1982)
Bodrogi, T., *L'Art de l'Indonésie*, Editions Cercle d'Art, (Paris, 1971)
Bolland, Rita, J.H. Gerling et L. Langewits, *Batiks from Java*, (Amsterdam, 1960)
Brakel, J.H. van, *Budaya Indonesia, Arts and Crafts of Indonesia*, Institut Royal Tropical, (Amsterdam, 1988)
Covarrubias Miguel, *Island of Bali*, Alfred A. Knopf, (New York, 1937)
Projet d'information culturelle, *Album Keramik Tradisional*, Ministère de l'Education et de la Culture, République d'Indonésie (Jakarta, 1984).
Projet d'information culturelle, *Album Seni Budaya*, Ministère de l'Education et de la Culture, République d'Indonésie, (Jakarta, 1983)
Djoemena Nian S., *Ungkapan Sehelai Batik*, Penerbit Djambatan, (Jakarta, 1986)
Dioyana Kusuma S., *Pola Kebidupan Pengrajin Anyyaman di Tasikmalaya*, Projet d'information culturelle, Ministère de l'Education et de la Culture, République d'Indonésie (Jakarta, 1985)
Drabbe M.S.C., *Het Leven Van den Tanimbarees*, E.J. Brill (Leyde, 1940)
Durham Ann, *Women's Work in Village Industries on Java*, rapport non-publié, Programme de Développement Régional, 1978-1980, République d'Indonésie (1981)
Feldman, Jerome (ed.) *The Eloquent Dead: Ancestral Sculpture of Indonesia and Southeast Asia*, UCLA, Musée de la Culture Historique, (Los Angeles, 1985)
Gardner, G.B., *Keris and Other Malay Weapons*, E.P. Publishing, (Angleterre, 1973)
Gittinger, Martiebelle, *Splendid Symbols: Textiles and Traditions in Indonesia*, Musée des Textiles (Washington DC, 1979)
Hamzuri, *Batik Klassic*, Penerbit Djambatan, (Jakarta, 1981)
Heekeren H.R. van, *Prehistoric Life in Indonesia*, Lembaga Kebudajaan Indonesia, (Jakarta, 1955)
Heine-Gerlden, Robert, *"Some tribal Art Styles of Southeast Asia, an Experiment in Art History"* tiré de Fraser (ed.) *The Many Faces of Primitive Art: A Critical Anthology*, (Englewood Cliffs, 1966)
Jasper J.E. et Mas Pirngadie, *De Inlandsche Kunstni jverbeid in Nederlandsch Indie, Vols I-V*, Mounten et Co, (La Haye, 1920)
Kartodirdjo, Sartono, *Sejarah Nasional Indonesia*, Balai Pustaka (Jakarta, 1977)
Kempers, H.J. Bernet, *Ancient Indonesian Art* , C.P.J van der Peet (Amsterdam, 1959)
Leigh, Barabara, *Hands of Time*, P.T. Penerbit Djambatan, (Jakarta, 1988)
Lewis, Albert Buell, *Javanese Batik Designs from Metal Stamps*, Musée d'Histoire Naturelle (Chicago, 1924)
Majlis, Brigitte Khan, *Indonesische Textilien: Wege zu Gottern ubd Ahnen*, Rautenstrauch-Joest Museum fur Volkerkunde, (Cologne, 1984)
Mangkudilaga, D. Sufzanti, *Batik*, P.T. Djaja Pirusa, (Jakarta, 1980)
Marsden, William, *History of Sumatra*, Thomas Payne and Son (Londres, 1783)
Muller, H.R., *Javanese Terracottas*, de Tijdstroom B.V., (Lockem, 1978)
Projet de Développement du Musée National, *Koleksi Museum Nasional, Vols I-III*, Musée National (Jakarta)
Newman, Thelma R., *Contemporary Southeast Asian Arts and Crafts*, Bookwise (Australie, 1977)
Nouhuys, J.W. van, *"Was-batik in Midden-Celebes", Nederlandsch Indie Oud en Niew, Vol 10* pp 110-122, (1925-26)
Pigeaud, Thomas, *Java in the Fourteenth Century*, Martinus Nijhoff, (La Haye, 1960)
Pringgoadisurjo, Luwarish et Kosam Rimbarawa, *Informasi Literatur Untuk Tekstil dan Batik*, Pusat Dokumentasi Ilmiah Nasional, (Jakarta, 1974)
Pustaka Kriya Indonesia, *Textiles*, Pustaka Kriya Indonesia (Office National de l'Artisanat Indonésien), (Jakarta, 1988)
Raffles, Thomas Stamford, *History of Java*, Black, Parbury and Allen, (Londres, 1817)
Pemerintah Kabupaten Daerah Tk II Jepara, *Risalat dan Kumpulan Data Tentang Perkembangan Seni Ukir Jepara*, Pemerintah Kabupaten Daerah Tk II Jepara, (Jepara, 1979)
Rodgers, Susan, *Power and Gold: Jewelry from Indonesia, Malaysia and the Philippines*, Musée Barbier-Muller, (Genève, 1985)
Rouffaer, G.P. et Juynboll H.H., *De Batikkunst in Nederlandsch-Indie en Haar Geschiedenis*, Kleinemann, (Harlem, 1900)
Sastroamidjojo, Seni, *Renungen Tentang Pertundjukan Wayang Kulit*, Penerbit Kinta, (Jakarta, 1964)
Scott-Kembal, Jeune, *Javanese Shadow Puppets*, British Museum, (Londres, 1970)
Siddhartha, Hildawati, *Keramik Rakyat Singkawang*, Laporan untuk Direktorat Kesenian, Dep Pendidikan dan Kebudayaan, (Jakarta, 1983)
Sjarifuddin, *Anyaman Rotan Tradisional Margarasi*, Musée Negeri Lambung Mangkurat, Séries spéciales No 4, Palangka Raya, (Banjar Baru, Sud Kalimantan, 1983-1984)
Soejono, R.P., (ed.), *Sejarah Nasional Indonesia I: Jaman Prasejarah di Indonesia*, Ministère de l'Education et de la Culture, République d'Indonésie, (Jakarta, 1975)
Soekmono, R., *Pengantar Sjarah Kebudayaan Indonesia 1-3*, Penerbit Kanisius, (Jakarta, 1973)
Soelarto, B., *Pustaka Budaya Sumba, Vols I-III*, Projet d'information culturelle, Ministère de l'Education et de la Culture, République d'Indonésie, (Jakarta)
Solyom, Garret et Bronwen Solyom, *Textiles of the Indonesian Archipelago*, Presse Universitaire de Hawaï, (Honolulu, 1973)
Stewart-Fox D.H., *The Art of the Balinese Offering*, Penerbitan Yayasan Kanisius, (Jakarta, 1974)
Sudarmadji, *Keramic: Gema Industri Kecil*, Série de catalogues, Ministère de l'Industrie, République d'Indonésie, (Jakarta, 1986)
Sulaiman, B.A., *Gerabah Madura*, Projet d'information culturelle, Ministère de l'Education et de la Culture, République d'Indonésie, (Jakarta, 1986)
Tangdilintin, L.T., *Toraja dan Kebudayaannya*, 4e édition, Yayasan Lepongan Bula (Tana Toraja, 1980)
Tirtaamidjaja, I., *Batik: Pola dan Tjorak (Batik Pattern and Motifs)*, Penerbit Djambatan, (Jakarta, 1966)
Veldhuisen-Djajasoebrata, Alit, *Batik op Java*, Musée voor Land-en Volkenkunde, (Rotterdam, 1972)
Veldhuisen, Harmen, *"Ontwikkelingen in de Batik van Java"* Handerwerken Zonder Grenzen (Pays-Bas, 1983)
Vredenbregt, Jacob, *Hampatong: The Material Culture of the Dayak of Kalimantan*, P.T. Gramedia, (Jakarta, 1981)
Wagner, Fritz A., *Indonesia: the Art of an Island Group*, Methuen, (Londres, 1962)
Wangania, Jopie, *Industri Tembikar Kasongan*, Projet d'information culturelle, Ministère de l'Education et de la Culture, République d'Indonésie, (Jakarta, 1981/1982)

INDEX

CONTRIBUTIONS PHOTOGRAPHIQUES

La maison d'édition souhaite remercier tous ceux qui, en Indonésie ou à Singapour, ont contribué à la réalisation de cet ouvrage. A Singapour en particulier, nous adressons nos plus vifs remerciements au Musée National de Singapour, à Georgia Kan de *Tatiana*, à Irène Lim et à Phil Reid de *Bareo*, à Michael Sweet de la maison *Antiques of the Orient*, à Geneviève DeBernis de *Matahari*, à Robyn Goh de *Babazar*, à Mitsuko Kuwabara de *Shooby Dooby* et à Laura Kan et Vani Shammugaratnam pour l'aide précieuse qu'ils nous ont fournie dans la sélection des pièces qui illustrent le mieux le merveilleux talent des artisans d'Indonésie.

Couverture : Rio Helmi/keris balinais de la collection Vera Darwiko
Pages de garde : Gerald Gay/ikat de Lily Coskuner de la *Boutique Nogo* à Bali
Frontispice : Jacques Demmeni
6/7 : La Terre : Brent Hesselyn. Les Plantes : Gerald Gay/*Tatiana*. Le Bois : Gay/*Tatiana*. La Toile : Gay/*Bareo*. Le Métal : Rio Helmi/Darwiko. Autres Formes d'Artisanat : Gay/*Matahari*
8 : Gay/*Bareo*
10/11 : Ivan Polunin
12 : Gay/*Bareo*
13 : Gay/*Tatiana*
14 : haut : Musée National de Singapour
bas : Gay/*Bareo*
15 : lithographies de *Nederlandsch Oost-Indie*, par P.A. van der Lith, Doesburgh, 1875/collection Michael Sweet, *Antiques of the Orient*
16/17 : collection Leo Haks
17 : Gay/collection Laura Kan
18/19 : Demmeni
19 : lithographie de J.C Rappard, *Het Kamerlid ven Berkenstein in Nederlandsch-Indie*, Perelaer, Leyde, 1888/collection Michael Sweet
20 : haut : Demmeni
bas : Gay/*Tatiana*
21 : haut : Helmi
bas : Helmi/Darwiko
22/23-25 : Gay/*Bareo*
27 : photo de John Miksic
28 : collection Leo Haks
29 : Gay/*Tatiana*
30 : Gay
31 : Helmi
32 : Luca Invernizzi Tettoni
33 : bas : Leonard Lueras
34-35 : Hesselyn
36 : Thilly Weissenborn (vers 1920)/collection privée
37 : Helmi
38 : Gay/*Tatiana*
39 : Lueras/collection Brent Hesselyn
40-42/43 : Hesselyn
44/45-46 : Helmi/poterie de Keramik Jenggala
47-48 : Hesselyn /poterie de Keramik Jenggala
48/49 : Gay/poterie de Keramik Jenggala
50-51 : Lueras/collection Yamin Makawaru
52 : Lueras
53 : Hesselyn
54/55 : Yim Chee Peng/Musée National de Singapour
57 : Gay/*Tatiana*
58 : Gay/*Tatiana*
59 : Lith, *Nederlansch Oost-Indie*/collection Michael Sweet
60 : haut : collection Leo Haks
bas : Demmeni
62-63 : Helmi
64 : Lueras
64/65-66 : Helmi
67 : Helmi/atelier de Ibu Muliasa
68 : Musée National de Singapour
69 : Gay/paniers de *Tatiana*, natte de *Bareo*
70 : Yim Chee Peng/Musée National de Singapour
71 : Gay/*Tatiana*
72-73 : Kal Muller
74/75 : Polunin
76/77 : Helmi/meubles de la collection *Linda Garland Interior Design*
77 : Helmi
78 : collection Leo Haks
79 : photo de Georgia Kan
80/81 : Gay/sculptures balinaises de la collection de l'hôtel Crown Prince, Singapour
82-83 : Gay/*Tatiana*
84 : haut : détail d'une peinture par I Gusti Putus Sana, Pengosekan, Bali
84 : Gay/*Tatiana*
85 : Auguste Van Pers, *Nederlandsch Oost-Indische Typen*, La Haye, 1853-1862/collection Michael Sweet
87 : Gay
88 : Helmi
89 : aimable contribution de Pade Wuruwuntu
90-91 : Helmi
92-93 : Polunin
94-97 : Helmi
98 : Gay/*Tatiana*
99-100 : Michel Bikker
100/101 : Bikker/collection Saplo Hoedojo
102/103 : Gay/*Tatiana*
104 : Demmeni
105 : Armand, de Lith/collection Michael Sweet
106/107 : Lueras/collection Yamin Makawaru
108 : Gay/*Bareo*
109-110/111 : Polunin
112/113 : Roxana Waterson
114-119 : Muller
120 : Gay/*Bareo*
121-124 : Gay/*Tatiana*
125-126 : Gay/*Matahari*
127 : Gay
128/129 : Gay/*Matahari*
130/131 : Helmi/Darwiko
132 : Musée National de Singapour
133 : Gay/*Tatiana*
135-137 : Van Pers/ collection Michael Sweet
139 : Yim Chee Peng/Musée National de Singapour
140 : Invernizzi Tettoni
142 : Polunin
143 : Invernizzi Tettoni
144 : Harris Geffin
145 : Polunin
146 : Invernizzi Tettoni
147 : Leo Haks
148 : Weissenborn/collection privée
149 : Invernizzi Tettoni
150 : Bikker/collection *Ancient Arts*, Yogyakarta
151 : haut : Musée National de Singapour
bas : Invernizzi Tettoni
152/153 : Gay/*Bareo*
154 : Invernizzi Tettoni
155 : haut : Invernizzi Tettoni
bas : Musée National de Singapour
156 : *Dallas Museum of Art*, Collection de Textiles Indonésiens de Stephen G. Alpert, don de la Fondation Eugene McDermott, *maa'* (détail) 1983. 117
157 : *Dallas Museum of Art*, Collection de Textiles Indonésiens de Stephen G. Alpert, don de la Fondation Eugene McDermott, *sarita* (détail), 1983. 122, *sarita* (détail) 1983. 120 *maa'* (détail) 1983. 116
158 : Helmi
158/159 : Lueras
161-163 : Musée National de Singapour
164 : *Dallas Museum of Art*, Collection de Textiles Indonésiens de Stephe G. Alpert, don de la Fondation Eugene McDermott
165 : Waterson
166 : ikat de Yusman Makawaru/collection privée
166/167 : Gay/textile de Lily Coskuner de la *Boutique Nogo*
167 : ikat de Yusman Makawaru/collection privée
168-169 : Erik Eshuis
170 : haut : Muller
bas : Eshuis
171 : haut : Eshuis
bas : Helmi
172 : Musée National de Singapour
172/173 : collection Andy Ng
174 : Musée National de Singapour
174/175 : Gay/*Tatiana*
176/177 : Eshuis
178/179 : Patrick Lim/*Shooby Dooby*
180/181 : Helmi/Darwiko
183 : Gay/*Tatiana*
184 : Gay/*Bareo*
185 : Helmi/bijoux en or, Ela Helmi, Ubud, Bali; bijoux en argent dessinés par Ela Helmi et sculptés par Ida Bagus Suryadana, Celuk, Bali; bagues traditionnelles en or, I Wayan Dama et I Ketut Gati de Kuta, Bali
186-187 : Helmi
188/189 : Geffin
190 : Gay/*Tatiana*
191 : Leo Haks
192-193 : Muller.
194 : Musée National de Singapour
195 : Yim Chee Peng/Musée national de Singapour
196 : Kan/*Tatiana*
197 : Gay/*Tatiana*
198 : Helmi/Darwiko
199 : Gay/*Tatiana*
200-201 : Yim Chee Peng/Musée National de Singapour
202 : Gay/*Tatiana*
203 : Armand, de Lith/collection Michael Sweet
204-205 : Helmi/Darwiko
206/207 : Marcello Tranchini
209-211 : Helmi
212 : Gay
213-214 : Bikker
215 : Helmi
216 : Helmi/contribution de Ledjar Subroto
217 : Helmi
218 : Gay/*Tatiana*
219 : Helmi
220 : *Tatiana*
221 : Helmi
222/223 : Gay/*Tatiana*
224/225 : Muller
226 : Gay/Laura Kan
227 : Gay/*Tatiana* et *Bareo*
228-229 : Muller
230 : Invernizzi Tettoni
231 : Jeremy Allen
232 : Bikker/*Ancient Arts*
233 : Gay/*Bareo*
238/239 : carte de l'artisanat indonésien par Wagiono

REMERCIEMENTS

Beaucoup de gens ont apporté leur contribution à la réalisation de ce livre. L'initiateur du projet, M. Joop Ave, directeur-général de l'Office du Tourisme en Indonésie, a supervisé la réalisation de l'ouvrage jusque dans la phase finale. Le Conseil National pour l'Artisanat en Indonésie, par le truchement de Mme Karlina Wirahadikusumah, présidente, et de Mme Nani Soedarsono, fondatrice, a apporté son encouragement et sa contribution précieuse. Les textes sont de Hildawati Siddharta, Rini Joeda, Iwan Tirta, et Yusman Siswandi, et les illustrations d'archives sont dues à l'aimable contribution de Michael Sweet et de Leo Haks. Le professeur Haryati Soebadio du Conseil National pour l'Artisanat a apporté sa contribution en lisant le manuscrit et en offrant de précieux conseils.

Mais il n'y aurait pas de livre sans les artisans eux-mêmes. Salim Widardjo et Yamin Makawaru de Yogyakarta, et I Wayan Paing, Ngurah Umum, I Gusti Ayu Juwita, Wayan Kantor et son épouse, et Ida Bagus Tilem de Bali ont rendu ce livre possible en partageant leur expérience avec nous. Les docteurs Tjetjep Suparman et Mukti Hanggono de l'Office du Tourisme ont contribué de diverses façons, s'occupant du travail de liaison à Bali et à Yogyakarta et des moindres détails. Le personnel de l'hôtel Ambarrukmo à Yogyakarta et celui de l'hôtel Bali Beach à Sanur ont fait de leur mieux pour s'assurer que nos visites étaient agréables, et l'aide des artisans de ces régions a été assurée par M. Moedjadi de l'Office Régional du Tourisme à Yogyakarta et sa secrétaire, Ibu Tati, et par le docteur Dewa Gede Sidanes de l'Office Régional du Tourisme de Bali à Denpasar.

Judi Achjadi

Jakarta, août 1988

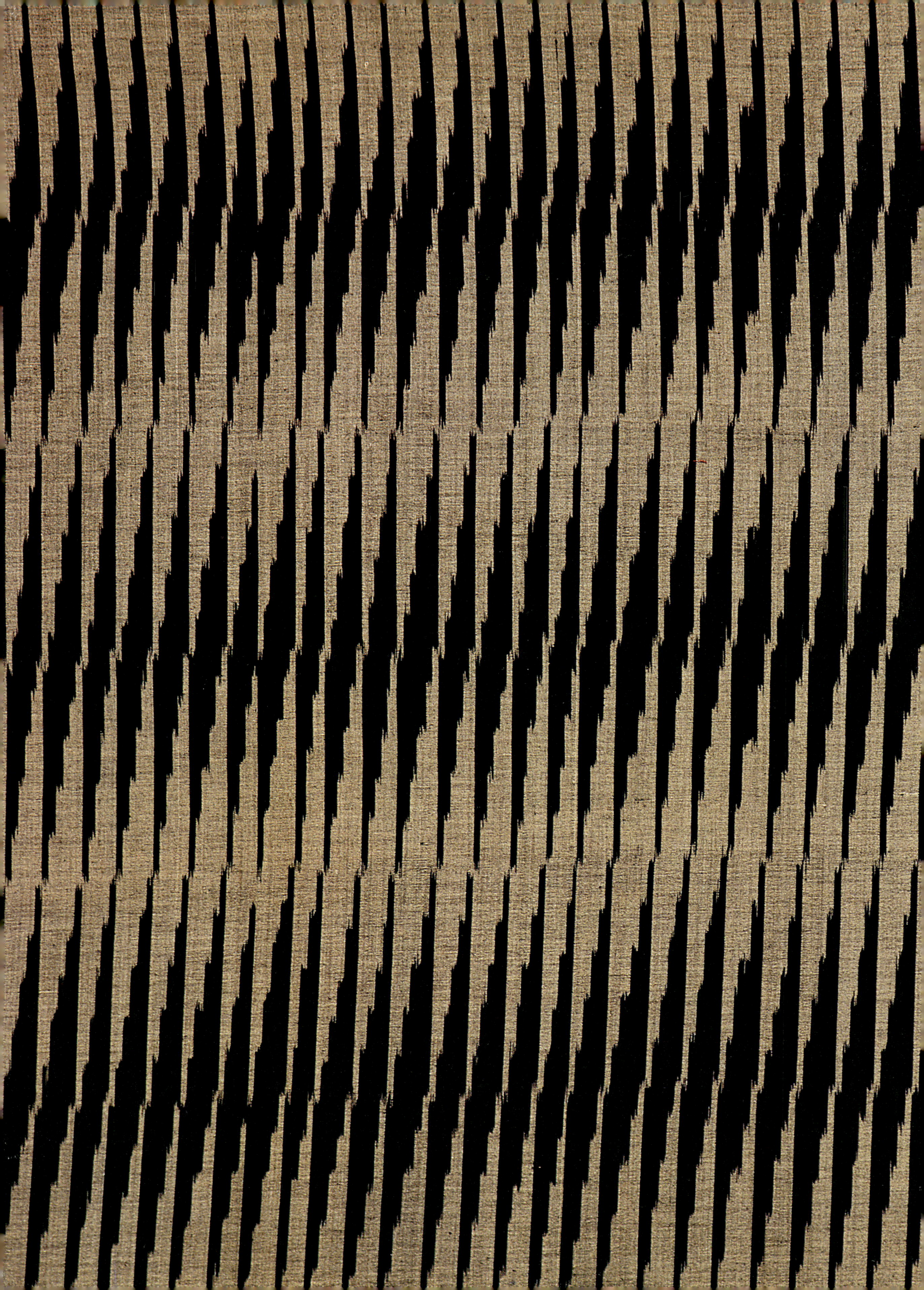